여기, 우리가 있습니다

여성폭력 아동학대와 싸우는 경찰들의 전방위 분투기

여기, 우리가 있습니다

여성폭력 아동학대와 싸우는 경찰들의 전방위 분투기

조병기, 김한솔, 이옥정, 박민정, 김기현, 이지현, 김태희, 박해연, 정명기, 강남희,
배유빈, 성주영, 나기윤, 양창모, 박은섭, 윤수린, 유재원, 구홍모, 이소연, 박송희, 이종석,
황세연, 여개명, 박재영, 정대일, 한윤섭, 서이석

사우

차례

들어가며
처음 듣는 여성청소년과 경찰관의 365일 /7

1장 여성청소년과 경찰로 사는 보람과 좌절

조병기 　두려움에 떠는 당신, 혼자 두지 않겠습니다 / 21
김한솔 　경찰은 믿을 수 없다? / 29
이옥정 　'신고'하는 시민 영웅들 /37
박민정 　신고, 회복으로 가는 첫걸음 /47
김기현 　피해자의 불안이 완전히 사라져야 끝이 난다 / 54
이지현 　가해자에게 다시 돌아가지 않은 그녀의 힘 /60
김태희 　해바라기센터가 도울 수 있어요 / 68
박해연 　"우리는 끝을 보기 전까지 쉴 자격이 없다!" /74
정명기 　일상으로 돌아가는 징검다리 놓기 / 84

2장 친밀한 폭력이라는 복잡한 범죄 현장

강남희 가정폭력에서 사건 처리보다 더 중요한 것 / 95
배유빈 딜레마, 법과 현실 사이에서 / 102
성주영 총칼이 아니라 말과 글로 하는 일 / 109
나기윤 스토킹 피해자의 보이지 않는 불안 / 116
양창모 대응도 설명도 힘든 현장 / 123
박은섭 그 경찰이 가정폭력 피해자에게 유난히 냉담했던 이유 / 132
윤수린 정의가 존재한다는 사실을 증명하기 위해 / 151
유재원 때로는 허세도 필요하다 / 157
구홍모 아동학대를 막으려면 온 마을이 나서야 한다 / 164
이소연 사랑하는 우리 남편 / 170

3장 가만히 있지 않아야 세상이 달라진다

박송희 가해자인가 피해자인가 / 183
이종석 익숙함에 익숙해지지 않기를 / 192
황세연 이것은 아동학대인가, 훈육인가 / 199
여개명 친밀한 폭력에 대해 더 많이 떠들어야 한다 / 210
박재영 우리 모두의 평온한 일상을 지키기 위해 / 216
정대일 이제 부모에게 알리지 않고 신고할 수 있어요 / 223
한윤섭 당신은 보호받을 권리가 있습니다 / 228
서이석 미움 대신 분별을, 판단 대신 성찰을 / 235

> 들어가며

처음 듣는
여성청소년과 경찰관의 365일

　나는 여성학으로 박사학위를 받은 후 국회입법조사처에서 여성가족위원회(현 성평등가족위원회)를 지원하는 입법조사관으로 첫 직장 생활을 시작했다. 출근하면 의원실로부터 받은 조사분석 요구서에 대한 회답서와 보고서를 작성하는 것이 주된 업무였다. 행정부에 요구해서 받은 자료를 비판적으로 분석하여 하루 12시간 이상 책상에 앉아 보고서를 작성하면서 집행 업무를 하는 행정부에 대한 답답함과 호기심이 동시에 생겨났다. 내가 작성했던 보고서의 칼끝은 대부분 젠더폭력에 대한 정책과 사업을 관장하는 여성가족부(현 성평등가족부)와 경찰을 향해 있었다.
　경찰 정책과 사업에 대한 보고서를 작성하고 나면 며칠 후 경찰 조직에서 설명하러 오겠노라고 연락이 왔다. 비판의 대상이 된 기관에서 직접 설명하러 오겠다는 것은 당시로서는 매우 드문 일이었다. 나를 찾아온 분들은 내 머릿속에 있는 거칠고 투박한 경찰관이 아니었다. 매우 예의 바르고 정중한 자세로 진지하게 설명을 해서 "어? 이 경찰들은 뭐지?" 하며 신기함을 느꼈던 기억이 있다.

나처럼 1980년대 중반, 민주화운동 시대를 경험한 세대는 경찰에 대해 안 좋은 기억을 가지고 있는 경우가 많다. 운동권 학생에 대한 고문으로 인한 사망, 성고문 사건, 강경 진압으로 사망한 열사들을 목격했고, 불심검문이 일상이었기 때문이다. 경찰 조직은 일제 강점기에는 "일제 순사", 1980년대 민주화 시기에는 민주화운동을 탄압하며 "짭새"라는 오명을 들었던 흑역사가 있다.

나 역시 20대에는 민주화운동에 합류하여 종로에서, 시청 앞에서 최루탄을 쏘아대며 청재킷을 입고 시위대를 잡으러 달려들던 백골단에 대한 공포가 내 몸에 여전히 새겨져 있다. 매캐한 연기 속에서 백골단을 피해 골목으로 도망가다가 머리채를 잡혀 서대문경찰서에서 조사를 받았던 기억이 선명하다.

이런 내가 입법지원기관에서 10년간 근무한 후 2019년 12월 경찰청 1호 여성안전기획관으로 경찰청에 입성하게 되었다. 내가 경찰청에서 근무를 시작했을 때, 대학 시절 학생운동을 하다가 졸업 후 독일에 가서 생활하고 있는 후배가 SNS로 "(실망한 듯) 누나, 진짜 짭새 조직에 들어간 거예요?"라는 질문을 해서 "야, 네가 외국에 너무 오래 있었나 보다. 지금 경찰 조직은 정말 많이 변했어. 지금은 민주 경찰, 인권 경찰로 거듭나고 있어"라고 웃으며 답했던 기억이 있다. 아직도 경찰을 폄하하거나 색안경을 끼고 바라보는 사람들이 있다. 그렇지만 나는 대한민국 사회에서 경찰 조직만큼 시대의 요구에 발맞춰 역동적으로 변화한 곳은 없다고 자부한다.

처음 출근한 날, 여성범죄수사과 계장이 전날 있었던 여성폭력 사건에 대하여 보고를 하며 "성폭력 사건은 권력관계에 의해서 발생한다는 점, 해외사례" 등까지 언급하였다. 나는 속으로 '어? 경찰들도 공부 많이 했네⋯' 이런 생각을 했던 기억이 난다. 또 여러 직원이 참석하여 1시간 30분가량 다양한 의견이 오가는 긴 회의를 마치고 나면 2시간 뒤에 꼼꼼하고 깔끔하게 정리된 회의 결과 보고서가 내게 왔다. 이렇듯 나 스스로 경찰 조직에 가졌던 선입견을 깨우쳐 가는 하루하루를 보내며 '여성 안전의 컨트롤타워'라는 권한을 가진 내 직에서 처음 해야 할 중요한 업무였던 '2차 피해 예방 종합 계획'도 원활하게 수립할 수 있었다. 그 과정에서 직원들과 치열한 논의와 검토를 거치며 느꼈던 보람은 지금까지 이 자리에 있는 나에게 원동력이자 자부심이 되고 있다.

다만, 여성안전기획관이라는 지위는 상징적 권한이 강해 정작 직원들의 업무를 평가하는 근무 평가권, 인사권이 없었기에 힘을 갖기 어려운 구조적 한계가 있었다. 그런 구조적 한계를 둘러싼 여러 상황과 맞물려 속상해서 홀로 가슴을 치며 피눈물을 흘렸던 적도 있다. 그렇지만 이 조직의 신속한 집행 속도가 나의 성향과 잘 맞았다. 순경 계급부터 치안총감까지 11개 계급으로 구성된 수직적 위계조직이지만, 지휘부가 "오늘부로 경찰 조직에서는 이 방향으로 갑니다. (가령) 데이트폭력은 오늘부터 교제폭력으로 용어를 수정합니다"라고 지침이 내려가면 13만으로 구성된 큰 조직이 신속하고 일사불란하게 변화할 수 있는 잠재력을 가지고 있다.

이러한 변화는 정의로운 경찰관이 주인공으로 나와 범인을 추적하는 영화나 드라마에서도 확인할 수 있다. 한때는 경찰관이 일반 시민이나 범죄자로부터 돈을 뜯어내거나 금품을 받는 모습을 코믹하게 다룬 〈투캅스(1993년)〉, 주인공 강철중 형사가 뇌물을 받거나 범죄자에게서 압수한 마약을 훔치는 등 부패한 모습으로 그려진 〈공공의 적(2002년)〉 같은 영화가 큰 인기를 얻었다. 그러나 경찰 조직의 변화와 맞물려 2010년도 이후의 영화와 드라마는 살인사건의 진실과 미제사건을 해결해 가는 정의로운 경찰관이 주인공으로 등장하여 주목받고 있다. 영화나 드라마에서 범죄와 싸우는 경찰관은 대중의 흥미를 자극하는, 없어서는 안 될 요소가 되었다.

그러나 시민의 안전을 지키느라 불철주야 고생하면서도 드라마나 영화, 글에서도 만나기 어려운 경찰관들이 존재한다. 성폭력, 가정폭력, 성매매, 교제폭력, 스토킹, 즉 '여성폭력'을 적극적으로 수사하고 피해자를 보호하는 여성청소년과 직원들이 그들이다. 112로 범죄를 신고할 수 있지만 여성폭력 피해자가 직접 경찰서에 가서 신고하려면 여성청소년과를 찾아가야 한다. 여성청소년과는 대개 피해자 보호를 담당하는 여성청소년계, 수사를 담당하는 여성청소년수사팀으로 이루어져 있다. 여성청소년계에는 전날 신고된 아동학대와 가정폭력 피해자에게 전화를 걸어 추가 피해 여부와 안전 확인, 필요한 지원을 고민하는 학대예방경찰관(APO), 교제폭력과 스토킹 피해자 보호를 담당하는 경찰관, 중대범죄 피해자 보호·지원을 담당하는 경찰관, 그 지역에 거주하는 성범죄자 신상정보 등록

대상자를 일일이 찾아가서 관리하는 역할을 하는 경찰관, 학교폭력 예방 활동을 담당하는 학교전담경찰관(SPO)이 근무한다. 여성청소년수사팀에는 여성폭력 사건을 수사하며 실체적 진실을 밝히는 역할을 하는 수사관들이 근무하고 있다.

전국 13만 경찰 조직에서 여성청소년 부서에 근무하는 직원은 수사와 피해자 보호 분야를 포함해 약 7천여 명이다. 이들은 국민의 일상과 밀접하면서 강력 범죄로 발전될 가능성이 크며 전 국민의 공분을 사게 하는 민감한 범죄를 다룬다.

"출근하면 전날 우리 관내에 신고된 사건, 그중에서도 여성청소년 범죄 사건을 가장 관심 있게 살펴봅니다. 현장 종결되었지만 뭔가 '싸한 느낌이 드는' 사건이 있어요. 그러면 담당 직원 불러서 그 사건 다시 살펴보라고 지시합니다."

이처럼 사건 속 위험 요인을 면밀하게 들여다보는 경찰서장들의 이야기를 쉽게 접할 수 있다. 하지만 여성청소년 부서에 근무하는 경찰을 향한 시민의 의식은 변하지 않고 있다. 그들이 하는 업무가 알려질 기회가 전혀 없었으니 당연한 결과이기도 하다.

"경찰들이 여성폭력 사건을 경미한 범죄로 바라본다", "범죄의 심각성을 간과한다"라는 비판을 외부에서 여전히 받고 있는 안타까운 상황이다. 그렇지만 여성청소년과 경찰들이 어떤 하루를 보내는지 알고 나면 그런 말을 쉽게 할 수 없을 것이라고 생각한다.

일선 경찰서 여성청소년과에서는 과장이 직원들과 함께 매일 전수합동조사라는 이름의 회의체를 통해 전일 신고된 여성청소년 사건에 대해 한 건 한 건 들여다보며 피해자의 상황은 어떠한지, 지원할 수 있는 것은 무엇이 있는지, 위험성은 어떠한지 등을 검토하는 시간을 의무적으로 갖고 있다. 18개 시도 경찰청의 여성청소년과는 관내 경찰서 여성청소년과에 접수된 사건이 제대로 처리되었는지 회의를 개최하여 확인하고 있다. 경찰청 본청에서는 오전 8시 40분에 경찰청장 주재하에 전국에서 발생한 사건 중 민감도가 있는 사건의 처리 상황을 확인하는 상황점검회의를 열고 있다. 민감도가 있는 사건 중에는 여성청소년 대상 범죄가 늘 포함되어 있다.

그렇지만 경찰관이 신고 또는 고소된 사건에 대한 초동 조치, 피해자 보호와 수사를 소홀히 하여 강력 범죄로 발전하게 되면 그동안 쌓아온 공든 탑이 한순간에 무너져 허탈한 기분이 드는 것은 어쩔 수 없다. 대국민 최접점에 있는 정부기관이 경찰이다 보니 혹시 미흡하게 대처했던 사건이 터지면 여론의 뭇매를 가장 심하게 맞고 있기도 하다. 나는 조심스럽기는 하지만 우리 사회에 만연한 여성

혐오와 함께 '경찰혐오'가 있는 게 아닌가 짐작해 보기도 한다.

시민사회에서 주관하는 세미나장에서 아무런 근거도 없이 경찰에 대한 폄훼와 비하, '아니면 말고' 식 발언을 대중 앞에서 쏟아내는 것을 보게 된다. 지금 이 시각에 범죄가 발생하면 가장 먼저 112 버튼을 누르고 경찰의 노동에 의존하고 있지만, 우리의 일상 안전을 책임져주는 경찰이지만, 문제만 생기면 가장 손쉽게 비난의 대상이 되는 것이 경찰이다.

물론 미흡하게 처리하고 있는 부분에 대한 비판은 겸허하게 경청하고 개선할 준비가 되어 있다. 그렇지만 사안과 직접 관련된 성평등가족부·보건복지부·교육부, 지방자치단체와 협업하여 이루어져야 하는 범죄 예방, 가해자와 피해자 분리, 피해자 보호가 제대로 이루어지지 않은 채, 경찰이 유일한 비난의 대상이 되는 현실에 대해서는 매우 안타까운 심정이다. 실제로 여성청소년과에서 근무하는 직원들은 "매일 언제 터질지 모르는 폭탄을 안고 살아가는 마음"이라고 심정을 토로하기도 한다.

2025년 10월 나는 여성폭력 사건을 처리하고 있는 수사관, 피해자 보호를 담당하는 다양한 경찰관, 112신고에 대응하는 지역경찰의 이야기를 모아 에세이 형태로 책을 발간하자고 제안하였다. 우리끼리 내부에서 우수 사례 포상을 하는 것에서 더 나아가 독자인 국민에게 여성폭력 범죄에 대한 정보와 대응책을 제공하고 여성청소년과 직원들에 대한 신뢰가 생기도록 하여 범죄 신고 활성화라는 세련된 홍보를 해보자는 취지였다. 궁극적으로는 여성청소년과에서 근무하는 직원들이 더 당당하게 근무하는 환경을 만들며 사기 진작도 꾀하고 싶었다.

다행히, 유재성 경찰청장 직무대행님을 비롯해 경찰청 여성안전기획과와 여성청소년범죄수사과에서 근무하는 과·계장들이 뜻을 함께해 주었고, 사우출판사에서 우리의 취지를 잘 이해하고 기꺼이 책 발간을 해주겠다는 제안을 해왔다.

내부 게시판에 에세이 모집 공모를 하자 여성폭력 범죄 신고에 출동하여 조치를 취했던 지역경찰관, 여성청소년과 직원, 지역의 치안 책임자인 경찰서장, 경찰청 직원들이 자신들의 경험 속에서 녹여낸, 진정성이 가득 담긴 129건의 글을 보내왔다. 예상치 못한 뜨거운 반응이었다. 내부 직원들이 1차 심사를 마친 뒤 출판사 측에서 2차 심사에 참석하여 27편을 최종 선정하게 되었다.

이 책은 지역경찰, 시도 경찰청과 경찰서의 여성청소년 범죄 수사와 피해자 보호, 경찰서장, 경찰청에서 근무하는 직원들끼리도 각각의 영역에서 업무를 처리하는 방식에 대한 이해도를 높일 수 있을 것으로 본다. 경찰공무원을 준비하는 예비 경찰에게도 자연스럽게 경찰 업무의 일부를 이해할 수 있는 텍스트가 되고, 국민은 여성폭력 범죄 신고에 대응하는 경찰관의 업무를 종합적으로 이해할 수 있게 되기를 기대한다.

이 책 발간에 전폭적인 관심과 지지를 보여준 유재성 경찰청장 직무대행님에게 먼저 감사의 인사를 드린다. 그리고 실무를 책임지며 수고를 마다하지 않은 경찰청 여성안전기획과 피해자보호계의 조윤제 경정, 천서영 경위에게도 감사의 말을 전한다.

또한, 원고 1차 심사에 함께 머리를 맞대준 여성안전기획과 여개명 총경과 정대일·전지혜·김상민 경정, 청소년보호과 주승은 총경과 임희진·김민성 경정, 지역경찰역량강화과 이준형 경정을 비롯하여 이번 작업을 포함해 항상 여성청소년 정책 수립에 함께해 주는 여성청소년범죄수사과 민경욱 총경, 김수진·선미화·이혜수 경정과 사이버범죄수사과 임윤상 경정에게도 감사의 뜻을 표시하고 싶다.

여기 언급하지 못한 많은 직원의 관심과 지원 덕분에 이 책의 기획부터 원고 공모, 책 발간까지 이어질 수 있었다. 경찰 조직의 속도에 발맞춰 원고 한 편 한 편을 정성스럽게 읽고 보기 좋은 책으로 만들어준 사우출판사 문채원 대표와 이은미 편집자께도 깊은 감사를 드린다.

무엇보다 이 책의 주인공으로 밤낮없이 여성폭력 신고에 대응하고 있는 전국 시도 경찰청과 일선 경찰서의 여성청소년과 직원들, 5만여 지역경찰, 시도 경찰청의 사이버성폭력수사팀에게 깊은 애정을 보내는 바이다. 이들은 인간에 대한 따뜻한 관심을 갖고 피해자의 상처를 감싸주며 가해자를 처벌하기 위해 고군분투하고 있는 훌륭한 공무원들이다.

아주 소박한(?) 바람이라면 이 책이 대한민국 국민이라면 반드시 읽어야 할 필독서가 되기를, 여성폭력 범죄와 싸우는 경찰관들 이야기가 영화와 드라마, 소설에도 등장하기를 기대해본다. 이 책을 읽은 국민들께는 경찰을 믿고 안심하고 신고해달라고, 직원들에게는 계속 사명감을 갖고 근무해주기를 바란다는 당부를 감히 해본다.

2025년 12월 서울 서대문에서
조주은 여성안전학교폭력대책관

1장

여성청소년과 경찰로 사는 보람과 좌절

두려움에 떠는 당신,
혼자 두지 않겠습니다

조 병 기

"아빠가 저를 때렸어요. 지금은 안 때려요."

순찰차 안에 신고 녹취록이 울려 퍼졌다. 초등학교 고학년쯤 되어 보이는 아이의 떨리는 목소리는 명확했지만, 오히려 그 명확함이 폭력이 일상이었음을 암시했다. 신고 직후 집 안은 "조용하다"는 아이의 말. 폭풍이 지나간 뒤의 고요함은 언제나 더 큰 폭력을 숨기고 있었다.

아파트 단지에 들어서자마자 창문을 살폈다. 새어 나오는 불빛 사이로 커튼이 아른거렸다. 현관에 도착해 초인종을 누르자 문이 열렸고, 중년 남자가 우리를 거실로 안내했다. 중년 남자는 바닥에 있던 물티슈와 콜라 캔을 아무 일도 없었다는 듯 천천히 주워 싱크대 위에 올렸다.

"물어보시면 되겠네요. 저는 할 말 없습니다."

흥분도 변명도 없는 그의 담담한 태도. 이 의도된 침착함이 폭력보다 더 위협적이었다. 나는 아이가 있는 방으로 향했다. 아이는 침대 모서리에 앉아 있었고, 눈은 빨갛게 충혈되어 있었다.

"아빠가… 숙제 안 했다고 화냈어요. 손에 잡히는 거 막 던지고 때리려고 했는데… 엄마가 막았어요."

아이는 방문 쪽을 힐끔거리며 말했다.

"제가 신고하면 안 되는 거였나요?"

아이는 자신을 보호해준 엄마를 지키려고 신고했건만, 이제는 신고한 것 때문에 엄마에게 미안해하고 있었다. 이 집에서 아이가 배운 것은 폭력을 막는 법이 아니라, 폭력을 참는 법이 될 참이었다.

"아냐, 신고 잘했어."

나는 아이의 어깨를 가볍게 두드렸다.

어머니는 안방에 있었다. 문을 여니 그녀는 침대에 앉아 동료 경찰과 이야기하고 있었다. 나와 눈이 마주친 그녀에게 말을 건넸다.

"괜찮으세요?"

"네, 괜찮아요."

그녀의 목소리는 작았다. 오른쪽 팔목에 살짝 붉은 자국이 보였지만, 심각한 외상은 아니었다. 동료가 다가와 낮은 목소리로 말했다.

"평소에도 폭행이 있는 거 같은데 말을 안 하시네요."

나는 그녀를 지긋이 몰아붙였다.

"남편분께서 아드님을 때리려고 했고, 어머니께서 말리려니까 밀쳤다는데, 맞습니까?"

"그게… 제가 끼어든 거예요. 밀친 게 아니라… 애 아빠도 아이를 때린 건 아니고… 때릴 것 같아서."

그녀는 눈을 피했다. 말끝을 흐리며 핑계를 찾는 모습이 익숙했다. 얼마나 많은 피해자가 저렇게 자신의 상처를 축소하고, 부정하고, 감추는지.

"어머니, 요즘 법이 잘 되어 있어요. 아드님도 다 봤잖아요. 아이도 생각하셔야죠."

나는 할 수 있는 설명을 다 했다. 긴급임시조치(가정폭력 현장에서 재발 우려가 있고 법원의 임시조치 결정을 기다리기 어려울 때 경찰이 즉시 격리·접근금지 등을 취하는 제도), 피해자 보호, 상담 지원, 법률 구조. 우리에게는 법과 매뉴얼이 있었다. 명확한 절차와 시스템이 있었다.

그녀는 듣고 있었지만, 듣지 않는 것 같았다. 고개만 끄덕일 뿐, 눈빛은 공허했다.

"어머니, 이건 참고 넘길 문제가 아닙니다. 아이들을 위해서라도…"

그때, 그녀가 고개를 들었다. 그리고 나를 똑바로 쳐다보며 말했다.
"경찰관님."
"예."
"경찰관님이 저 대신 이 집에서 살 거 아니잖아요."
순간 숨이 멎었다.
"경찰관님, 저 원래 이렇게 살았어요. 제가 다 감내하고 살겠다니까요."

그녀의 목소리는 떨리지 않았다. 울지도 않았다. 담담하게, 자신의 현실을 이야기했다. 우리는 '안전'과 '보호'를 말했지만, 그녀는 '생계'와 '현실'을 보고 있었다. 우리의 법적 조치는 그녀의 내일을 보장하지 못했다.

"처벌은 원하지 않으세요?"

"네. 처벌하지 말아 주세요. 그런 일도 없었다니까요."

더 이상 나아갈 수가 없었다. 그녀는 명확했다. 하지만 나는 명확하지 않았다.

"혹시 생각이 바뀌시면 언제든지 신고 주세요."

나는 안내서를 문자로 보내겠다고 말했다. 그녀의 수신함에 안내서가 쌓이지 않기를 바라면서.

아이의 아버지에게는 아동학대 혐의를 적용했다. 잠깐이라도 떨어뜨려 놓기 위해 그와 지구대로 동행을 했다. 내 안에서 다른 목소리가 들렸다. 그냥 체포해서 네 책임을 완벽히 덜어내라고. 그러나 나는 이미 알고 있었다. 이 정도 혐의와 증거로는 오늘 밤을 넘기지 못하고 풀려날 테다. 경찰이 체포하면서 보여준 공적인 폭력을 빌미로 남편이 사적인 폭력을 정당화하지 않기를 바랄 뿐이었다.

그와 동행해서 순찰차에 오르는 발걸음이 무거웠다. 지구대에 도착하니 선배가 파티션 뒤로 불러 한마디했다.

"이제 더 위험해질 거야."

"경찰이 반가운 손님은 아니니까요."

"가해자 입장에선 경찰까지 불러서 망신당했다고 생각할 거 아냐…"

선배님은 말을 잇지 않았다. 오늘 밤이 지나고 그 집에서 무슨 일이 일어날지 상상이 되었다. 2차 피해. 현장 경찰들이 가장 두려워하는 시나리오였다.

나는 지구대로 동행한 그에게 지금 여기 있는 이유에 대해 설명해주었다. 아무 일도 아니라고 생각하는 그에게 '아무 일'이라는 사실을 또렷하게 전달하고 싶었다. 그에게 최소한의 인간성이 남아 있길 바라면서.

순찰차는 어두운 도로를 달렸다. 내 머릿속에는 계속 그 아이의 얼굴이 떠올랐다. 용기를 내어 신고했던 아이. 엄마를 구하려 했던 아이. 하지만 그 아이는 오늘 무엇을 배웠을까. 경찰이 와도 아무것도 바뀌지 않는다는 것. 엄마는 결국 아빠를 선택한다는 것. 세상은 폭력 앞에서 무력하다는 것.

동틀 녘, 나는 지구대로 돌아와 한참을 앉아 회상에 잠겼다.

1년 전, 옆집에서 부부싸움을 한다는 신고가 있었다. 현장에 도착했을 때 아내는 "괜찮다"며 그냥 말다툼했을 뿐이라고 했다. 목에 붉은 자국이 있었지만, 아내는 "제가 답답해서 긁은 거예요"라고 말했다. 남편은 오늘따라 목소리가 커진 거라며 투덜댔다. 나는 매뉴얼대로 피해자 보호 안내서를 건넸고, 위험할 때면 바로 신고하라고 당부했다. 그리고 현장을 종결했다.

이틀 뒤, 같은 주소에서 다시 112신고가 들어왔다. 이번에는 달랐다. 아내의 얼굴에는 멍이 들어 있었고, 입술이 찢어져 있었다. 남편은 술에 취해 현관에서 욕설을 퍼부었다. 우리는 남편을 현행범으로 체포했다.

구급차에 올라타는 아내에게 물었다. "이틀 전에는 괜찮았어요?" 그녀는 눈물을 흘리며 말했다. "그날 일을 핑계로 오늘 더 화를 냈어요. 나 때문에 경찰이 와서 동네 망신을 시켰다고…"

나는 그녀의 "괜찮다"는 말을 그대로 받아들였다. 하지만 그 말 뒤에는 보복에 대한 두려움, 경제적 불안, 가정 해체에 대한 공포가 숨어 있었다. 신고 처리표에는 '종결'이라는 글자가 찍혔지만, 그녀의 삶은 여전히 폭력의 굴레 안에 있었다.

나는 "괜찮다"는 말을 믿지 않기로 했다. 아니, 정확히는 그 말의 표면이 아니라, 그 뒤에 감춰진 맥락을 읽기로 했다.

"경찰관님이 대신 살 거 아니잖아요."

이 한마디가 여전히 나를 찌른다. 그날 밤 이후 112신고를 받을 때마다, 출동하는 순찰차에 오를 때마다, 그 말이 떠오른다.

맞다. 나는 그녀의 삶을 대신 살 수 없다. 그녀가 아침에 일어나 아이들 밥을 차리고, 남편 눈치를 보고, 폭력의 낌새를 감지하며 하루하루를 버티는 그 무게를 내가 대신 짊어질 수는 없다.

하지만 이제는 안다. 우리가 할 수 있는 일이 있다는 것을. 우리는 그녀의 삶을 대신 살 수는 없지만, 그녀가 스스로 일어설 수 있도록 곁을 지킬 수는 있다. "세상에 혼자 남겨진 게 아니다"라는 신호를 보낼 수 있다. 두려움에 귀 기울이고, 반응할 수 있다. 우리가 진정으로 누군가를 돕는 순간은 가해자를 체포할 때가 아니라 피해자가 "이제 나 혼자가 아니구나"라고 느낄 때니까.

밤은 여전히 깊고, 112신고 전화는 언제나 예고 없이 울린다. 어둠 속에서 절망의 목소리가, 혹은 체념의 침묵이 들려와도, 나는 다시 순찰차에 오를 것이다. 때로는 무력하고, 때로는 부족하지만, 그래도 할 수 있는 일을 한다.

가정폭력, 교제폭력, 스토킹. 여성을 향한 폭력은 끊임없이 진화한다. 법이 새로운 범죄를 따라잡기도 전에, 현장 경찰관들은 법과 현실 사이에서 매일 싸운다. 매뉴얼에는 없는 상황들, 조항으로 설명할 수 없는 고통들을 마주한다.

때로는 무력하다. "괜찮다"고 말할 때, 우리는 그 이상 나아갈 동력을 잃기도 한다. 법은 틀이 정해져 있고, 현실 속 삶의 모양은 다르다. 그 사이에서 우리는 고민한다.

때로는 실수한다. 1년 전의 나처럼, 겉만 보고 맥락을 놓치기도 한다. 그 실수가 누군가에게는 치명적인 결과로 이어질 수도 있다는 두려움을 늘 안고 산다.

하지만 그 뼈아픈 경험을 발판 삼아, 우리는 조금씩 달라진다. 더 주의 깊게 듣고, 더 세심하게 관찰하고, 더 진심으로 연대하려 애쓴다.

이제, 그녀에게 이렇게 답할 수 있다.

"예, 우리가 당신의 인생을 대신 살 수는 없습니다. 하지만 가장 외롭고 두려운 순간, 당신이 다시 일어설 때까지 우리는 문 앞에서 당신 곁을 지키겠습니다. 당신을 혼자 두지 않겠습니다. 그리고 언제든, 당신이 다시 손 내밀 준비가 되었을 때, 우리는 여기 있을 겁니다."

이것이 여성폭력 현장을 지키는 경찰관으로서, 내가 매일 밤 다짐하는 약속이다. 법과 매뉴얼만으로는 부족하다. 우리에게는 공감, 그리고 기다림이 필요하다. 변화는 한순간에 오지 않는다. 하지만 우리가 포기하지 않는 한, 그 작은 신호는 계속 쌓여갈 것이다.

그날 밤 그 어머니에게 건넨 안내서가, 언젠가 그녀의 삶을 바꾸는 시작점이 되기를. 그날 밤 그 아이에게 해준 "잘했어"라는 말 한마디가, 아이가 다시 용기 낼 수 있는 힘이 되기를.

그것이 우리가 이 밤을 지키는 이유다.

부산진경찰서 경사

'사람을 도우면서 월급까지 받는 일'에 매료되어 의무경찰 복무 후 순경으로 경찰에 입직했다. 지구대와 여성청소년과에서 수많은 폭력현장을 마주했다. 가정폭력이 아동학대로, 아동학대가 학교폭력으로 이어지는 연쇄 고리를 깊이 경험했다.

법과 현실의 간극에서 때론 무력감을 느끼지만, '국가가 사람과 사람 사이의 폭력을 공권력으로 정화한다'는 사명감을 붙들고 있다. 현재는 경찰청 인권 강사를 병행하며, 인권의 가치를 전파하고 있다.

경찰은
믿을 수 없다?

김한솔

경찰 채용 필기시험을 합격하고 면접 준비를 하며 경찰 조직에서 피해자 보호를 위해 많은 노력을 하고 있다는 것을 알았다. 역시 경찰은 멋진 직업이라는 생각을 하며 나도 경찰관이 되면 피해자를 보호하는 경찰이 되어야겠다고 다짐했다. 최종 합격 후 중앙경찰학교에서 교육을 받을 때도 피해자 보호에 대해 많은 교육을 받았다.

그러나 현장으로 나온 나는 피해자를 보호해야겠다는 마음은 커녕 사명감마저 잃어버렸다. 밤새 이어지는 112신고, 끊임없이 상대하는 주취자들, 경찰관을 향한 욕설과 폭력, 마음을 써서 특별히 잘 대해준 범죄 피해자가 왜 더 잘해주지 않았냐며 항의하는 전화… 많은 것이 나를 지치게 했다. 경찰관이 되면 도움이 필요한 사람을 마음껏 도울 수 있을 것 같았는데 현실 속 지구대 순경1일 뿐인 나는 너무나 작았다. 경찰관은 법에 정해진 만큼만 행동할 수 있다. 지극히 당연한 이 사실이 신임 경찰관인 나에게는 열정을 사그라들게 만드는 장애물 같았다.

그래도 나는 경찰관으로서 일하는 내가 자랑스러웠다. 특히 지역경찰로 근무하는 내 모습이 멋졌다. 지치고 힘든 순간이 훨씬 많지만 누군가를 살리고 누군가에게 도움이 되는 단 몇 개의 신고 출동만으로도 나는 내가 경찰관임을 느끼며 잃었던 사명감을 다시금 채워나갔다.

지역경찰은 112신고 출동을 나가 초동 조치를 한다. 현장에서 처리를 완료하고 신고를 종결하기도 하고, 사건을 접수해 수사가 이루어지도록 사건 발생 보고를 하기도 한다. 현장 수사로 범인을 검거하기도 한다. 지역경찰은 담당 업무가 정해져 있는 다른 부서와 다르게 신고 접수되는 모든 분야를 다룬다. 지역경찰의 초동 조치가 어떻게 이루어졌는지에 따라 수사에도 영향을 미치고 국민에게도 경찰의 첫인상이 결정된다. 특히 성폭력 신고는 피해자에게 본의 아니게 2차 피해를 주진 않을지까지 주의해야 한다.

나는 생각보다 훨씬 많은 성폭력 112신고 출동을 하면서 세상이 점점 무서워졌다. 내가 자주 다니는 동네, 나에게 익숙한 공간에서 발생하는 불법 촬영, 뉴스에 보도되는 것보다 훨씬 많은 성폭력과 교제폭력. 경찰관으로서 근무 중 접한 우리 동네의 여성폭력 사건으로 나의 일상이 불안해졌다. 그래서일까. 피해자를 만날 때마다 마음이 아팠다. 나에게도 일어날 수 있었던 일이라는 생각을 하니 남의 일처럼만 느껴지지 않았다.

한편으론 경찰관으로서 나에게 주어진 임무를 해야 하기에 그 아픔을 외면하기도 했다. 깊이 공감할수록 감정적 소진이 컸다. 감정적 소진은 다음 112신고 출동을 처리하는 데 영향을 미쳤다. 지역 경찰 경력이 쌓여갈수록 나는 점점 덜 공감하는 무딘 사람이 되어 갔다.

내가 출동 현장에서 만난 성폭력 피해자 중에는 '피해자답게' 보이지 않는 사람도 많았다. 피해자라면 마땅히 그래야 할 것처럼 보이는 모습이 아닌, 다른 신고 출동에서 만나는 여느 사람들과 다를 바 없이 다양한 모습이었다. 아주 당당한 말투와 표정으로 또박또박 진술하는 피해자도 있었다. 그런 피해자를 만날 때면 동료들은 정말 피해자가 맞는지 의문을 갖기도 했다. 나는 피해자의 당당한 말투 속에 감춰진 여러 감정 중 불신을 감지했다. 아마도 경찰관에 대한 불신.

한 여성이 클럽에서 성추행을 당했다며 112로 신고했다. 현장에는 피험의자가 함께 있었다. 피해 여성이 테이블과 테이블 사이 좁은 통로를 걸어가던 중 앉아 있던 낯선 남성이 손으로 피해자의 성기 부위를 만진 사건이었다. 피해자는 즉시 남성에게 따졌으나 남성은 그저 낄낄거리며 웃기만 했다고 한다. 현장은 어둡고 사람이 많은 곳이어서 CCTV에 범행 현장이 촬영되었을지 의문이었다. 그래서 나는 피해자에게 자세하게 물어가며 상황을 파악했다. 상대 남성이 혐의를 부인하고 있었기 때문에 사건 접수를 할 때 현장에서의 피해자와 피혐의자의 진술을 최대한 자세히 작성하고 싶었기 때문이다. 하지만 피해자는 "경찰이 왜 피해자 말은 듣지 않고 가해자 말만 듣냐"라며 따졌다. 아마도 경찰관이 더 자세히 알고 싶어서 하는 질문이 피해자를 추궁하는 것처럼 느껴졌던 것 같다.

친구가 성폭행을 당했다는 112신고가 들어왔다. 나는 그때 비긴급 신고를 처리하고 있었는데 피해자가 여성 경찰관과 대화하기를 원하여 급히 현장으로 출동했다. 피해자는 모텔에서 옷도 챙겨 입지 못한 상태로 도망 나온 상황이었고 울며 떨고 있었다. 나는 피해자를 보고 마음이 아팠지만 경찰관으로서 해야 할 일이 있기에 담담히 진술을 들었다. 피해자는 상대가 처벌을 받을 수 있는지 나에게 물었다. '네, 분명 처벌받을 거예요'라고 말하고 싶었으나 실제로 그렇게 말할 수 없었다. 현장 출동 경찰관은 직접 수사를 이어나간다거나 판결을 하는 사람이 아니기에 처벌 여부에 대해 함부로 말할 수 없다.

이런 나의 태도 또한 피해자에게 불신을 주는 태도였을까? 경찰에 대한 불신 때문에 신고되지 않고 세상에 드러나지 않는 젠더폭력 범죄가 생기는 것일까?

새벽 3시경, 성폭행을 당했다는 112신고가 들어왔다. 야간 근무 출근 이후 잠깐도 쉬지 못하고 112신고 출동을 다녔던 터라 너무 힘들었다. 이제 신고가 덜 들어오겠지 싶어 눈을 감고 좀 쉬어보려던 참이었다. 그때 들어온 성폭행 112신고. 112신고 녹취 속 신고자의 목소리는 아주 차분했다. 나는 속으로 생각했다. '진짜 성폭행 맞아?' 지금 생각하면 나도 모르게 피해자다움에 대한 편견을 갖고 있던 나 자신이 너무나도 부끄럽지만, 연속되는 112신고 처리로 몸도 마음도 지쳐 있던 터라 출동을 나가며 저런 생각을 했었다. 그러나 현장에 도착하자마자 반성했다. 집 안에 너무나도 현저한 저항의 흔적들, 범행 현장의 뚜렷한 증적, 피해자의 진술을 듣기 전임에도 이미 성폭행이 맞다는 감이 왔다.

피해자의 진술을 듣고 팀 동료들에게 지원 요청을 해 피해자를 먼저 해바라기센터로 인계했다. 피혐의자는 범행을 부인하고 인적 사항을 밝히기를 거부하여 체포했다. 사건 서류를 작성하고 피혐의자를 경찰서 여성청소년수사팀에 인계한 뒤 지구대로 복귀하고 있었다. 그때가 새벽 5시였다. 여성청소년수사팀에서 전화가 왔다. 수사관은 나에게 물었다.

수사관 이 친구들 예전에도 둘이 잔 적 있다는데 알았어요?
나 아니요, 몰랐는데요.
수사관 예전에도 잔 적 있다는데 성폭행 맞긴 맞아요? 합의하에 관계한 거라는데요.
나 서류에도 작성했지만 현장에 있던 증거들과 피해자의 진술을 종합해보면 성폭이 맞다고 판단됩니다. 예전에 둘이 잤다는 게 지금 이 사건과 무슨 관계가 있는 거죠?

왜 체포한 것인지 묻는 선배 수사관의 말에 나는 기가 죽었다. 혹시 내가 업무적인 실수를 한 것인지 걱정도 되고, 버릇없는 직원으로 보일까 봐 더 이상 답변할 수도 없었다. 하지만 아무리 생각해도 내가 한 체포는 정당했다. 오늘 사건이 이들이 예전에 성관계를 했었다는 과거의 일과 무슨 관계가 있는지 의문이었다. 순찰차를 운전하며 통화를 하고 있던 내 전화기를 조장님이 가져가셨다. 조장님은 나보다는 기죽지 않은 목소리로 수사관과 통화하였다.

만약 순찰차 뒷자리에 피해자가 타고 있었다면 어땠을지 생각하니 아찔했다. 그리고 수사를 한다는 경찰관의 성인지 감수성에 실망했다. 아니, 너무 부끄러웠다. 현장에서 아무리 다수의 훌륭한 경찰관이 열심히 근무해도, 경찰관 단 한 명의 부족한 성인지 감수성이 국민에게 불신을 초래한다는 것을 몸소 체험했다.

국민들이 아무리 경찰을 욕하고 경찰을 불신한다고 해도 어려운 일이 생기면 그래도 경찰을 가장 먼저 떠올린다. 한국여성정책연구원 성인지 통계 뉴스 빅데이터 분석을 보면 여성폭력 분야의 가정폭력, 교제폭력&스토킹, 성폭력 연관 키워드 정보에 경찰은 거의 항상 5위 안에 있다. 이 키워드 정보는 일주일 단위로 업데이트된다. 조금 전 조회해보니 여성폭력 분야 1위 키워드가 경찰이다. 나는 이 키워드 순위를 보며 생각한다. 아마도 경찰을 향한 국민들의 불신은 진짜 불신이 아닌 경찰을 향한 '기대'가 아닐까.

국민들은 여성폭력에 대응하는 경찰관에게 무엇을 기대할까. 이를 위해 경찰은 무슨 노력을 하고 있을까. 경찰 조직은 관리자급 직원들을 대상으로 성평등 교육과 젠더폭력 예방 교육을 꾸준히 진행 중이며, 비관리자 직원들도 사이버 교육을 통해 성평등 교육을 수강하고 있다. 또한 경찰청 양성평등정책담당관실에서는 2021년 경찰 성평등 용어사전을 배포했다. 경찰관이 사용하는 언어 중 성인지 관점에 맞지 않는 언어를 적절하게 바꾸어 사용하도록 배포한 것이다. 대표적인 예가 '몰래카메라'를 '불법 촬영'으로, '성적 수치심'을 '성적 불쾌감'으로 바꾼 것이다. 언어는 우리 사고에 영향을 준다. 사소한 것 같지만 경찰관이 사용하는 언어에 성인지 관점을 반영함으로써 경찰관의 성인지 감수성 향상에도 영향이 있을 것이다.

하지만 여전히 현장에서는 성인지 관점에 맞지 않는 언어를 사용하는 경찰관도 있다. 한 예시로 아직도 대부분의 경찰관이 몰래카메라라는 단어를 쓴다. 법률이나 매뉴얼을 모르는 것은 부끄러워하면서 성인지 관점을 갖추지 못한 것은 부끄러워하지 않는 조직 문화가 여전한 탓이다.

그래도 경찰은 분명 바뀌고 있다. 내가 처음 경찰로 근무를 시작한 10년 전보다 지금의 지역경찰관은 여성폭력을 대하는 태도가 훨씬 민감하다. 10년 후의 경찰은 더욱 그래야 한다. 국민이 경찰에게 기대하는 것은 신뢰이다. 국민이 경찰을 신뢰할 수 있도록 계속 노력해야 한다. 피해를 당했을 때, 경찰에게 2차 피해를 당하지 않을 거라고, 성인지 관점을 갖춘 업무 처리를 해줄 거라고 믿을 수 있어야 한다. 국민이 신뢰할 수 있는 경찰이 되어야 신고되지 않아 없던 일처럼 묻혀버리는 여성폭력 범죄가 줄어들 수 있다. 아마도 그렇게 될 거라 믿는다.

세상의 모든 경찰관이 피해자와 연대하는 존재가 되기를 소망한다.

청주흥덕경찰서 경사.
10년 경찰 생활 중 9년을 지역경찰로 근무했다. 치안 수요가 많은 관서에서 근무하며 다양한 112신고 처리 경험을 했고 이를 경력이라 자부한다.
출동 현장에서 성소수자에 대한 혐오를 경험하고 성소수자 문제에 관심을 갖게 되었다. 이어서 페미니즘을 알게 되고 젠더폭력 문제에도 관심을 갖게 되었다. 지역경찰 동료강사, 성평등 전문강사로 활동한다.

'신고'하는
시민 영웅들

이옥정

나는 2년 차 여청수사 팀장이다. 여성청소년수사팀, 경찰서 수사 부서 중에서 가장 인기 없는 부서이다. 자칫 소홀하게 대응하면 경찰서장이 인사상 불이익을 당할 정도로 사회적으로 민감하고 파급력이 큰 사건들을 처리하며 피해자 안전조치, 각종 임시조치 신청 등 고생을 많이 한다. 그러나 형사과와 수사과 등 다른 수사 부서에 비해 근무 환경이나 승진 등에서 혜택이 적어 직원들이 기피하는 부서이다.

인사철마다 부서 간 발령의 최소 근무 기준인 1년을 채우고 여청수사팀에서 탈출하여 다른 수사 부서로 가려는 직원들이 줄을 서 있다. 나는 그 빈자리를 채우려고 수사를 해보고 싶어하는 신임 경찰관들을 상대로 수십 통의 전화를 돌린다.

이렇게 많은 경찰관이 떠나는 힘든 부서임에도 불구하고, 나는 앞으로 여청수사를 계속하고 싶다. 지역경찰, 경제범죄수사팀, 정보, 여청 기획업무 등 다양한 부서에서 근무를 했던 나는 왜 여청수사를 계속하고 싶어할까. 그 이유는 여성, 청소년 등 사회적 약자를 괴롭히는 범죄자를 잡아서 혼내주고 '사회 정의 실현'에 미약하게나마 기여하면서 나의 어린 시절 트라우마를 극복하는 짜릿한 감정을 느끼고 있기 때문이다. 또한 어려움을 겪고 있는 이들을 도와주며 '희망을 주는 사람'이 되고픈 나의 인생 목표에 한발자국씩 가까이 가고 있기 때문이다.

여청수사팀에서 일하다 보면 다양한 성폭력 사건을 접하게 되는데, 나 또한 어린 시절 몇 번의 피해 경험이 있었다.

첫 번째 기억은 초등학생 때 일이었다. 서울 할머니 댁에 놀러 갔는데 골목길에서 어떤 아저씨가 내 앞에서 걸어가고 있었다. 그러다 갑자기 아저씨가 뒤를 돌아보더니 추리닝 바지를 내리고 나에게 성기를 보여주고는 씩 웃는 것이었다. 나는 너무나 깜짝 놀라고 무서워서 할머니 댁까지 전속력으로 뛰어갔다. 할머니 댁에 도착해서 미친 듯이 뛰는 심장과 후들거리는 다리, 가쁜 호흡을 진정시키며 아까 무슨 일이 있었는지 돌이켜 생각해보았다. 기분이 너무 더럽고 분했다. 자꾸 나오는 눈물을 닦으며 놀란 가슴을 진정시킨 기억이 있다.

두 번째 기억은 고등학생 때 일이었다. '남사친'과 함께 영화를 보러 극장에 갔다. 그 친구는 액션 영화, 나는 로맨스 영화, 우리는 각자 보고 싶은 영화가 달랐다. 그래서 각자 따로 영화를 보게 되었다. 몰입해서 영화를 보고 있는데, 어느 순간 내 무릎에 놓인 가방 밑에서 뭔가 움직이는 느낌이 들었다. 깜짝 놀라서 봤더니 옆자리 남자의 손이 내 무릎 위에 놓여 있었다! 소름 끼치게 놀랐지만, 영화를 보는 주위 사람들에게 방해가 될까 봐 작은 목소리로 "뭐예요?"라고 말했다. 그 남자는 캄캄한 어둠 속으로 도망치듯이 달아났다. 나는 너무 놀라서 아무것도 하지 못했고, 나 혼자 영화를 보게 만든 친구를 마음속으로 원망했다.

세 번째 기억은 대학생 때 일이었다. 서울에서 사람이 가득 찬 지하철을 탔다. 어느 역에서 많은 사람이 내리는 순간, 누군가가 내 엉덩이를 손으로 움켜쥐었다. 지금까지 그런 느낌은 처음이었다. 실수로 엉덩이를 스친 게 아니라 분명히 누군가가 고의로 내 엉덩이를 손바닥으로 움켜쥐었다가 놓은 것이었다. 나는 충격을 받아 눈이 휘둥그레져 주위를 두리번거리기 시작했다. 어떤 남자가 얼굴이 빨개져서 지하철 옆 칸으로 황급히 자리를 옮겼다. '저놈이 범인이구나'라는 생각이 머릿속을 스쳤다. 하지만 어찌 된 일인지, 난 그 자리에 그대로 얼어붙어 아무 말도 못하고 움직일 수도 없었다. 그 당시 나는 미래의 경찰관을 꿈꾸고 있었다. 그런데도 용감하게 성추행범을 제압하거나 신고를 하지 못한 나 자신이 너무나도 부끄러웠다.

나중에 관련 책을 통해서 알게 되었다. 그 당시 나의 행동은 성폭력 피해자가 극심한 위협 상황에서 본인의 의지와 관계없이 신경학적으로 몸이 얼어붙어 움직이지 못하게 되는 '비자발적 부동 현상'이라는 것을.

어린 나는 성폭력 피해에 아무런 대응을 하지 못했다. 하지만 이런 나의 경험이 경찰이 되어 성폭력 피해자를 더욱 깊이 이해하는 밑거름이 되었고, 성폭력 가해자에 대한 끈질긴 추적과 검거 의지를 불타오르게 만들었다.

어린 시절 나와는 다르게, 범죄 피해를 당하거나 목격했을 때 외면하지 않고 경찰에 신고한 '용감한 시민 영웅들'이 있다. 그분들 덕분에 나는 계속해서 여성폭력 범죄와 싸우며 여청수사의 길을 걸어갈 수 있을 것이다. 내 기억 속에 가장 인상 깊게 남아 있는 시민 영웅 이야기 두 편을 소개하고자 한다.

첫 번째로 만난 시민 영웅은 여고생들이었다. 2024년 여름, 딸아이가 하굣길에 시내버스에서 추행을 당했다는 한 아버지의 112신고가 접수되었다. 피해 학생은 어떤 할아버지가 시내버스에서 자신의 뒤에 서서 숨소리를 크게 내며 성기를 자신의 엉덩이에 비비고 밀착시켰다고 말했다. 혹시 추가 피해자가 있는지 수소문을 하니, 피해 학생과 같은 학교 학생들 중에 비슷한 방식으로 추행을 당한 아이들을 두 명 더 찾을 수 있었다. 다행히도 피해 학생들은 피해자 진술을 해주기로 했다.

성폭력 사건 수사를 하다 보면, 피해자들이 끔찍한 경험을 다시 떠올리기를 힘들어해서, 그리고 법정 다툼에 휘말리고 쉽지 않아 피해 진술을 거부하는 경우가 종종 있다. 이런 경우에는 실제 피해가 있음에도 불구하고, 피해자 진술이 없어서 가해자를 처벌하지 못하는 안타까운 상황이 벌어진다.

이번 사건에서도 피해 학생들이 진술을 해줄지 걱정을 했는데, 큰 용기를 내서 경찰에 신고하고 피해자 진술을 하기로 결심한 아이들이 정말 고마웠다. 신원 노출에 따른 보복을 방지하기 위해, 세 명 학생들 모두 가명을 사용해서 해바라기센터에서 전문적으로 훈련받은 수사관에게 편안한 분위기에서 피해자 조사를 마쳤다.

이제는 가해자를 검거하는 일만 남았다. 피해 학생들이 탔던 시내버스를 특정하여 버스 내부 CCTV를 확인하였다. 피해 학생들이 말한 것과 같이 어떤 할아버지가 교복 입은 여학생들 뒤에 붙어서 몸을 밀착시키는 모습이 영상에서 확인되었다. 내 어렸을 적 기억이 떠오르며, 꼭 범인을 잡고 싶어졌다. 영상 속 가해자의 모습은 모자를 착용하고 있었고, 화질이 선명하지 않아서 얼굴을 정확하게 식별할 수 없었으나, 인상착의는 확인하였다. 범인은 충전식 선불 교통카드를 사용하여 카드 가입자를 확인할 수 없었다. CCTV로 범인의 동선을 추적했으나 사각지대가 있어서 더 이상의 추적이 힘들었다. 팀원들과 머리를 맞대고 어떻게 범인을 잡을 수 있을지 고민하기 시작했다.

우리는 범인의 교통카드 이용 내역을 분석하여 동선을 파악하기로 했다. 몇 달 치 교통카드 이용 내역을 분석하니, 범인은 아침 일정한 시간에 특정 버스 정류장에서 자주 탑승했으며, 오후에는 반복적으로 여자고등학교 주변 정류장에서 하차 후 재탑승한 사실을 확인하였다. 팀원들과 함께 아침에 범인이 자주 탑승하는 버스 정류장에서 잠복근무를 하기로 했다. 며칠 동안 잠복을 했으나 범인을 발견할 수 없었다.

마지막 잠복근무 날, 우리가 그동안 수없이 CCTV 영상에서 봤던 범인의 인상착의와 비슷한 할아버지가 버스 정류장으로 걸어오고 있었다. '드디어 찾았다!' 흥분을 가라앉히고, 용의자에게 경찰 신분증을 보여주고 범죄 혐의에 대해 묻기 시작했다. 용의자는 해당 버스를 탄 사실이 없다고 부인했다. 하지만 눈썰미가 예리한 우리 팀 막내가 CCTV 영상에서 범인이 지갑 형태로 된 휴대폰 케이스에서 교통카드를 꺼내 버스 단말기에 찍은 사실을 기억하고, 용의자의 휴대폰 케이스 안에서 우리가 특정한 것과 카드번호가 동일한 교통카드를 발견하였다. 우리의 의심이 확신으로 변한 순간이었다! 범인은 그날 바로 경찰서에 출석하여 조사를 받았다.

범인은 사람이 많아서 어쩔 수 없이 피해자와 몸이 부딪힌 것이라며 범행을 부인하였다. 그리고 평소에 마트에서 장을 보거나 운동을 하기 위해 해당 버스를 탔다고 주장하였다. 그러나 범인은 장을 봤다는 영수증 등 증거자료를 제출하지 못하였고, 피해 학생들이 다니는 여자고등학교 주변에서 반복적으로 버스를 내리고 재탑승한 이유에 대해서도 소명을 하지 못했다. 결국 범인은 구속이 되었고, 엄중한 법의 심판을 받아 징역형을 선고받고 현재 교도소에 수감 중이다.

범인을 검거하기 전에 서류 작성과 관련하여 피해 학생과 학생의 아버지를 만났다. 그 여학생은 버스에서 성추행을 경험하고 트라우마로 인해 버스를 탈 수 없었고, 학교도 그만두었다는 이야기를 들었다. 가슴이 너무 아팠다.

"○○아~ 너무나도 놀라고 힘들었을 텐데, 용기 내서 경찰에 신고해주고, 피해 진술을 해줘서 정말 고마워. 아줌마도 어렸을 때 성추행을 당했는데 그때 아줌마는 아무런 행동도 하지 못했거든. 우리 ○○는 정말 용감하고 대단한 일을 한 거야. 이런 일이 일어난 것은, 네 잘못이 아니고, 그 할아버지가 나쁜 사람인 거야. 아줌마가 꼭 범인을 잡아서 혼내줄게. 우리 ○○의 꿈이 경찰관이라고 들었는데, 열심히 공부하고 노력해서 다음에는 경찰 선후배로 꼭 다시 만나자. 넌 멋진 경찰관이 될 수 있어. 아줌마가 열심히 응원할게!"

여학생에게 격려의 말을 건네고 헤어졌다. 범인을 꼭 잡겠다는 약속을 지킬 수 있어서 다행이었다. 여학생이 트라우마를 극복하고 몸과 마음이 건강하게 성장하여 경찰관이라는 꿈을 꼭 이룰 수 있길 간절히 기도해본다.

내가 두 번째로 만난 시민 영웅은 공원에서 운동하던 주민이었다. 2025년 봄, 어떤 남자가 공원에서 등교하는 여학생들을 불법 촬영하는 것 같다는 신고가 접수되었다. 현장에 출동했을 때는 이미 남자가 사라진 후였다. 신고자는 공원에서 아침 운동하던 주민으로, 어떤 남자가 손에 핸드폰을 들고 손을 아래로 내린 채 교복 치마를 입고 등교하는 여학생들을 뒤에서 바짝 붙어서 따라갔으며, 그 남자를 공원에서 여러 번 봤다고 진술했다. 신고자 신원 노출 방지를 위해 진술서 등 모든 서류를 가명으로 처리했다. 다행히도 신고자가 범인의 차량 번호 몇 자리를 기억했다. 공원 CCTV를 통해서 범인의 범행 장면을 확인할 수 있었고, 신고자가 준 차량 번호 단서를 활용해서 범인의 차량을 특정하였다.

우리 팀은 며칠 동안 아침 등교 시간에 공원 앞에서 차량을 세우고 잠복을 했다. 드디어 기다리던 범인의 차량이 나타났다! 만약에 현장에서 범인이 핸드폰으로 등교하는 여학생들을 촬영한다면 바로 현행범인 체포를 하려고 조용히 기다렸으나, 그날은 범인이 차에서 내리지 않고 그대로 공원을 지나갔다. 우리는 최대한 들키지 않게 거리를 두고 범인의 차량을 미행했고, 범인이 사는 곳을 알아낼 수 있었다. 그동안 모아둔 증거자료로 범인을 특정했고, 압수수색 영장을 들고 범인의 집을 찾아갔다. 범인은 자신의 혐의를 부인하며 자신의 핸드폰에 아무것도 없다고 핸드폰 갤러리를 우리에게 보여주었다. 정말 핸드폰에는 사진이나 영상이 없었다.

하지만 우리는 핸드폰과 컴퓨터를 압수해서 디지털포렌식 분석을 의뢰했다. 그 결과, 교복을 입은 여학생들의 치마 속과 다리를 촬영한 사진과 영상이 여러 개 발견되었다. 범인은 흔적을 없앤다고 지웠지만, 한국 경찰의 우수한 과학수사와 디지털 증거 분석 능력으로 눈에 보이지 않는 것까지 다 찾아낼 수 있었다. 증거가 발견되자 범인은 자신의 범행을 인정했다. 비록 사진이 촬영된 피해 학생들은 찾을 수 없었지만, 확실한 증거로 인해 범인은 상당히 높은 금액의 벌금형을 받게 되었다.

만약에 공원에서 운동하던 주민이 피해 사실을 보고도 그냥 무시하거나 귀찮게 여기고 신고를 하지 않았다면, 자신들의 신체가 불법 촬영되었다는 사실도 모르는 피해 학생의 숫자는 늘어났을 것이다. 시민 영웅의 관심과 용기가 있었기에, 우리 경찰들이 피해 사실을 알게 되었고 적극적으로 대응하여 추가 피해를 막을 수 있었다.

경찰의 범죄 수사 단서 중에서 '신고'가 큰 비중을 차지한다. 신고는 피해자뿐만 아니라 목격자 등 누구나 할 수 있다. 특히 여성청소년 등 사회적 약자를 대상으로 하는 범죄에서는 피해자 본인뿐만 아니라 타인의 신고가 정말 중요하다. 갈수록 사회가 각박해지고 있다고 하나, 지금까지 내가 만났던 시민 영웅들을 보면서 아직은 우리 사회가 따뜻하다고 생각한다.

나의 아들, 딸, 가족, 그리고 나 또한 범죄 피해자가 될 수 있다는 생각으로, 내가 범죄 피해를 경험했다면, 그리고 주위에 도움이 필요한 사람이 있다면 외면하지 않고 용감하게 경찰에게 알리는 시민 영웅이 많이 나타나길 희망한다. 시민 영웅의 용기가 헛되지 않도록 전국의 여성청소년수사 경찰관들은 오늘도 묵묵히 맡은 사명을 감당하고 있다. 나 또한 정성과 책임을 다해 여성폭력 범죄와 싸우겠노라고 다시 한번 다짐하며, 앞으로 우리 아이들이 더욱 안전하게 살 수 있는 사회가 되길 소망한다.

전주완산경찰서 경감.
지구대, 경제범죄수사, 정보 등 다양한 부서에서 근무했다. 현재는 여성청소년수사 업무를 하고 있다. 희망을 주는 사람이 되고 싶어서 경찰이 되었고, 여성청소년 분야에 관심이 많아 하루하루 최선을 다하고 있다.
서울대 사회복지학 석사(경찰관의 PTSD 연구), 영국 버밍엄대 공공정책학 석사(소년범 대응체계 비교 연구) 학위를 취득했다.

신고,
회복으로 가는 첫걸음

박민정

    3월 어느 날, 봄 햇살이 막 피어오르는 오전이었다. 여느 날과 같이 전날 발생한 범죄 피해 신고를 모니터링하던 중 한 문장에서 눈길이 멈췄다.
    '조모의 학대로 인한 아동학대 의심 신고.'
    수많은 학대 현장을 마주했지만, 손주의 손으로 유일한 보호자인 할머니를 신고한 사건 앞에서는 마음이 유난히 무겁게 내려앉았다. 조금이라도 빨리 아이를 만나고 싶었다. 나는 여고생이 좋아할 만한 작은 인형과 마음을 전할 작은 선물, 피해자 보호·지원 리플릿 등을 챙겨 서둘러 피해자 집으로 향했다.
    대문과 담장은 없이 기둥 두 개만 덩그러니 남은 오래된 주택. 금이 간 벽과 깨진 창문이 세월의 흔적과 이 댁의 형편을 말해주고 있었다. 그러나 마당에 정갈하게 정리된 텃밭과 구수한 장 냄새를 풍기는 장독대가 고된 삶 속에서도 할머니가 손주들과 열심히 살고 있다고 말해주는 것 같았다. 문이 열리고, 어린 손주들의 신발이 가지런히 놓인 현관 앞에서 기다리고 있었다는 듯 할머니는 멋쩍은 웃음으로 나를 맞아주었다.

"손녀가 바우처 카드를 말도 안 하고 사용했으면서 사용하지 않았다고 거짓말해서, 거짓말하지 말고 바르게 살아야 한다고 훈계했는데 억울하다며 나를 아동학대로 112신고를 했어요. 나중에 보니 거짓말한 건 아니었더라고요. 아이한테 미안하죠."

그 말 속에는 손녀에게 신고당한 것에 대한 억울함보다는, 오래도록 쌓인 피로와 부모 사랑 못 받은 손주를 제대로 양육하지 못했다는 미안함이 묻어 있었다. 문득 할머니의 손등을 보았다. 오랜 노동으로 거칠고 울퉁불퉁해져 있었다. 그 손으로 아이들을 안아왔을 세월이 느껴졌다.

그때 나는 알았다. 이 사건은 단순한 '신고'가 아니라, 누군가의 삶이 오래전부터 힘겹게 이어지고 있었다는 '신호'라는 것을. 나는 그 신호를 놓치고 싶지 않았다.

며칠 뒤 다시 찾은 집에서 나는 할머니와 꽤 많은 대화를 나눴다. 할머니는 이 오래된 집에서 여섯 손주를 홀로 키웠다고 했다. 젊은 시절 남편과 사별하고 세 아들을 홀로 키웠지만, 두 아들을 병으로 먼저 떠나보냈다. 막내아들은 수감 중으로, 손주 셋을 혼자 돌보며 기초생활수급비로 겨우 생계를 이어가고 있었다. 허리와 무릎 수술 후 통증 속에서도 하루하루를 버티며 아이들과 지내고 있다고 했다.

"다리는 아파도 밭일을 하면 기분이 좋아요. 뒤 텃밭에는 죽순이 자라고 앞 텃밭에는 애들이랑 심은 고추랑 가지가 자라는 걸 보면서 그래도 살아야겠단 생각이 들어요."

그 말에 나는 잠시 말을 잃었다. 기둥 입구에서 집까지 30여 걸음을 지나는 동안 양쪽으로 이어진 작은 텃밭과 집 뒤 작은 공터는 할머니의 삶을 지탱하는 버팀목이었다.

며칠 뒤 다시 찾았을 때도 아이들은 보이지 않았다. 손주들은 모두 학교에서 방과후 수업을 하고 있다고 했다. 잠시 머뭇거리던 할머니가 조심스럽게 말을 꺼냈다.

"큰손녀가 112신고 며칠 뒤, 가출을 했었어요. 가출팸에 있었다고 하는데 그 기간 동안 무슨 일을 당한 거 같아요. 이번 주에 경찰 조사를 받아야 한다고 연락이 왔는데 걱정이에요".

담당 수사관에게 확인하니, 가출 중 성범죄 피해를 입은 정황이 확인되어 조사 예정이라고 했다. 그날, 내 마음은 무너졌다. 내가 조금만 더 일찍 왔더라면…, 그때 아이가 하교할 때까지 기다렸다가 이야기를 나눴더라면…. 끝없는 자책이 머릿속을 맴돌았다.

그날 이후 나는 이 가정의 멘토가 되자고 다짐했다. 퇴근길마다 들러 안부를 묻고, 아이들 이야기를 들어주었다. 정이 그리운 아이들은 내게 마음의 문을 활짝 열어주었다.

그러던 어느 날, 둘째 손주가 다리에 깁스를 한 채 문을 열어주었다. 이유를 물어보니 학교폭력을 당했다는 것이다. 꽤 여러 명이 모인 큰 싸움이었는데 억울하게 맞은 친구를 도와주다 폭행을 당했고, 조사 일정을 기다리고 있다고 했다. 나는 할머니와 함께 경찰서에 방문하여 둘째 손주의 조사에 동석했고, 편하게 사실을 진술할 수 있도록 도와주었다. 발목 골절로 깁스를 하고 있다는 것도 조서에 넣어 가해 학생에게 의료비를 받을 수 있게 해주었다.

사건 이후 가해 학생들이 집 근처를 서성인다는 이야기를 들었다. 해코지 당할까 염려되어 안전조치를 신청하고 평생 무상으로 제공되는 민간 CCTV를 현관에 설치해주었다. 할머니는 핸드폰 어플을 통해 집 앞을 지나가는 사람, 집 앞에 서성이는 사람들을 볼 수 있으니 안심이 된다며 조용히 웃었다. 그 미소에 마음이 가벼워졌다.

그러던 중 또 다른 사건이 발생했다. 학교폭력 사건이 마무리될 무렵 둘째 손주가 친구들과 단체 채팅방에서 대화하다가 같은 학교 여학생의 딥페이크 사진이 돌고 있는 것을 보게 되었다. 손주는 그 여학생에게 사진을 보여주며 "이런 게 돌아다닌다"라고 알려주었는데 뜻밖에도 그 여학생이 손주를 한통속이라며 "자신의 딥페이크 사진을 다운받아 갖고 다닌다"라고 신고한 것이다.

손주는 억울함에 울었고, 할머니는 또다시 가슴을 쓸어내렸다. 나는 즉시 담당 수사관에게 연락해 사건의 경위를 상세히 설명했다. 수사관도 상황을 이해하고 조사 시 이를 참고하겠다고 했다. 결국 손주 사건은 잘 마무리되었다.

그날 나는 다시 깨달았다. 피해자를 지원한다는 것은 법의 조항만으로는 완성되지 않는다는 것을. 그들의 목소리를 들어주는 누군가가 있을 때 진실이 제자리를 찾는다는 것을.

그 이후에도 경찰의 지원은 계속 이어졌다. 초록우산, 굿네이버스, 교육청, 교회, 시청, 주민센터…, 많은 지역사회 기관이 이 가정을 위해 뭉쳤다. 성폭력 피해를 입은 큰손녀에게는 심리상담, 산부인과 진료, 치료비, 위생용품, 진로 상담, 교육비 등을 제공했고, 학교폭력 피해를 입은 둘째 손주에게는 심리상담과 진로 멘토링을 연계했고, 막내 손주에게는 학습 지원을 했다.

할머니와 아이들이 쾌적하게 지내도록 주거환경도 개선했다. 깨진 유리 교체, 현관 도어락 설치, 집 전체 도배·장판 교체, 공부방 침대와 옷장 교체, 낡고 깨진 계단 수리, 방충·방역 지원, 장학금 지원 등 회복의 손길은 계속 이어졌다.

사회적 약자, 조손가정의 회복을 보며 생각했다. 손녀가 용기 내어 누른 112신고 버튼은 단순한 사건 접수가 아니었다. "도와주세요"라는 외침이 지역사회 연대로 이어진 순간, 회복의 봄이 시작되었다.

다시 방문했을 때, 텃밭에는 고구마와 깻잎, 콩, 옥수수가 자라고 있었다. 할머니는 여전히 다리가 아프다고 하셨지만, 얼굴엔 밝은 미소가 피어 있었다.

"아프긴 해도 애들이랑 흙 만지는 게 좋아요."

나는 지금의 행복을 지켜드리고 싶었다. 할머니는 손주들 아기 때 사진을 한쪽 벽면에 빼곡히 걸어놓으셨는데 어디에도 가족사진은 없던 것이 내내 마음에 걸렸었다.

광주경찰청 홍보실 사진관에 부탁해 가족사진을 촬영하기로 했다. 할머니와 손주들을 내 차로 모시고 가서 실내·실외에서 가족사진과 명함 사진을 찍어드렸다. 사실 가족사진만 촬영할 계획이었는데 할머니가 잠깐 나를 잡아끌더니 작게 귓속말을 하셨다. "영정사진 하나만 찍어줘요." 순간 돌아가신 할머니 생각에 눈물이 핑 돌았다. 손주들과 즐겁게 가족사진을 찍는 날 자신의 죽음을 준비하며 영정사진을 부탁하는 할머니의 심정을 감히 헤아릴 수도 없었다.

나는 감정을 겨우 추스르고 분위기를 띄우기 위해 하이 톤으로 아이들에게 말했다. "우리 멋진 명함 사진도 찍을까?" 그렇게 할머니는 숙제 같던 영정사진을 얻을 수 있었다.

나는 사비를 들여 세상에서 가장 멋진 가족 액자 두 점을 만들어 드렸다. 명함 사진도 여러 장 인쇄해 드렸고 사진 파일도 함께 드렸다. 가족사진은 현관문을 열면 가장 먼저 눈에 보이는 곳에 달아드렸다.

액자의 사진을 처음으로 보던 날, 할머니도 나도, 서로의 눈을 바라보며 눈시울을 붉혔다.

"제대로 된 가족사진이 없었는데… 이젠 집에 들어올 때마다 힘이 나요. 정말 감사합니다."

그 한마디에 내 눈시울이 뜨거워졌다. 그날, 나는 다시 깨달았다. 누군가를 돕는 일은 '무엇을 해주는' 데서 끝나는 것이 아니라 '행복을 나누는' 것임을.

시간이 흘러, 할머니 가족과 나는 진짜 가족처럼 가까워졌다. 처음엔 방으로 숨어버릴 정도로 낯가림이 심하던 아이들이 이제 문 앞까지 달려와 반긴다. "선생님, 오늘 시험 잘 봤어요!" 그 웃음에 피로가 싹 사라졌다.

가정 방문을 마치고 돌아올 때면, 할머니는 항상 텃밭에서 딴 깻잎이나 고추 한 줌, 된장 한 봉지를 손에 들려주셨다. 정 많은 그 손길이 내 마음을 울렸다. 지원을 하러 갔던 내가, 오히려 많은 것을 배우고, 삶의 희망과 가진 것에 대한 감사를 알게 되었다.

계절이 다시 돌아왔다. 할머니는 무릎을 다친 와중에도 여전히 텃밭을 돌보고 계시고 아이들은 웃으며 학교를 다닌다. 할머니 집엔 다시 평범한 하루가 이어진다. 그 모습을 보며 나는 마음속으로 되뇌었다.

'신고는 끝이 아니라, 회복의 시작'이다.

광주경찰청 여성청소년과 경위.
정신보건임상심리사 1급으로 대학병원 신경정신과 등에서 근무하다가 2007년 피해자심리전문요원(1기)으로 경찰에 특별 채용되어 현재까지 19년째 범죄 피해자의 회복과 일상 복귀를 돕는 일을 하고 있다. 현장에서 마주한 수많은 피해자의 삶 속에서 '신고가 끝이 아니라 '회복의 시작'임을 믿으며 따뜻한 손길과 연대의 힘을 믿고 있다.

피해자의 불안이
완전히 사라져야 끝이 난다

김 기 현

　나는 경찰관으로 입직하여 약 15년을 지역경찰, 청문감사실, 생활안전과 등 다양한 부서에서 근무해왔다. 제주청으로 전입한 뒤에는 2년간 학교전담경찰관으로 근무하며 청소년과 가까이 호흡했고, 올해부터는 피해자전담경찰관으로서 피해자 보호와 2차 피해 예방 업무를 맡고 있다.

　학교 현장에서 아이들의 작은 불안까지 살피던 경험은 지금의 피해자 안전 업무에도 큰 도움이 되고 있다. 특히 여성폭력 사건을 접할 때면 늘 떠오르는 생각이 있다. "112신고 이후가 진짜 시작이다." 신고 출동이 끝났다고 해서 피해자의 하루가 끝나는 것은 아니다. 그 순간부터 피해자는 또 다른 두려움과 불안을 감당해야 하기 때문이다.

그래서 나는 언제나 스스로에게 묻는다. "지금, 그 피해자는 안전한가?" 피해자의 안전조치를 담당하면서 나는 '보이지 않는 24시간 근무'가 존재함을 실감한다.

올봄, 두 건의 스토킹 사건이 연이어 접수됐다. 처음엔 별개 사건처럼 보였지만 조사 과정에서 한 남성이 서로 다른 피해자 두 명에게 동시다발적으로 스토킹 행위를 지속하고 있다는 사실이 드러났다. 단순한 집착을 넘어, 2,300회가 넘는 문자·사진 전송과 피해자 집 앞을 찾아가는 등 위험 수준이 매우 높았다.

사건이 접수되자마자 우리는 피해자별 맞춤형 선제적 안전조치를 실시했다. 한 명은 전 연인이었고, 또 다른 피해자는 옆집 이웃으로 각각 위험 패턴이 달랐다.

피의자는 전 연인이었던 피해자에게 재결합을 요구하며 근무지에 찾아가 칼로 자신의 배를 찌르는 등 자해하고, 카카오톡을 통해 자해 사진 및 협박 메시지를 전송했다. 피의자와 피해자 모두 신변안전이 불안한 상황이었다.

나는 고위험성 스토킹으로 판단하고 신변안전을 최우선으로 고려하여 스마트워치(피해자가 긴급상황 시 버튼을 누르면 실시간으로 위치를 추적하여 경찰이 출동)를 지급했고 상황 발생 시 즉시 출동 가능한 112시스템에 등록 조치를 했다. 그리고 주거지 주변 CCTV와 순찰을 인접 경찰서와 협조하여 강화했다. 더불어 전 연인이었던 피해자에게는 올해 처음 도입된 24시간 밀착 경호가 가능한 민간경호 두 명을 투입하기로 결정했다.

민간경호원들은 오롯이 피해자만을 위한 맞춤형 경호를 해줄 수 있기 때문에 경찰의 순찰 외에 눈이 닿지 않는 시간대와 특히 피해자가 불안해하는 시간대에 맞춰 폭넓게 보호함으로써 공백을 메워주었다. 그들은 피해자 주거지 주변을 순찰하고, 출·퇴근 시간대 동선을 중심으로 동행하며 주변을 살폈다. 위험 신호가 감지되면 즉시 경찰 상황실과 공유했다.

또 다른 피해자는 첫 번째 피해자와 비슷한 연령대의 여성으로 피의자가 거주하는 오피스텔 바로 옆집에 거주하는데 불특정 시간대에 수차례 문을 두드리는 등 극심한 불안감을 조성하고 있었다. 불특정 상황에 따른 신속 출동이 중요하다고 판단되어 지역경찰이 신고 접수 시 현장으로 바로 출동할 수 있도록 112시스템 등록 조치를 하였다.

"신고했던 사람이 또 찾아왔어요."

주거지 앞에서 초인종을 누르며 위협하고 있다는 옆집 피해자의 신고를 받고, 112시스템에 등록되어 있는 주소지로 지역경찰이 신속히 출동하여 피의자를 현행범 체포했다. 여성청소년수사팀에서는 구속영장 청구로 이어졌다. 피해자 두 명 모두 추가 피해 없이 안전하게 보호받을 수 있었다.

이 사건은 단순한 검거가 아니었다. 112신고 시스템과 경찰의 선제적 판단이 만들어낸 '예방형 검거' 사례였다.

특히 사건 이후에는 피해자의 심리 회복이 완전히 이뤄질 때까지 경찰과 제주보안관시스템(제주도 내 전 기능이 협업하여 지역 치안 약자의 보호망, 안전망 구축을 위한 공동관리 플랫폼)을 통해 피해자 지원과 정기 모니터링과 재점검을 이어갔다. 피해자의 불안이 완전히 사라지는 날까지, '끝'이라는 단어는 존재하지 않았다.

나는 피해자 안전업무를 하면서 혼자서는 결코 완성할 수 없다는 사실을 매일 느낀다. 우리 사무실에는 가정폭력, 교제폭력, 성폭력, 아동학대, 노인학대 등 각 분야의 담당자가 함께 근무하고 있다. 피해자 유형은 다르지만, 결국 그 중심에는 '두려움에 떠는 사람'이 있다. 그래서 우리는 각자 맡은 사건의 경계를 넘나들며 긴밀히 협력한다.

가정폭력 APO(Anti-abuse Police Officer. 취약계층 학대와 가정폭력 사건을 예방·수사·관리하는 전담경찰관)가 확보한 정보가 교제폭력 사건의 단서가 되기도 하고, 성폭력 담당 때의 상담 경험이 노인학대 피해자의 심리 안정에 활용되기도 한다. 이처럼 서로의 업무가 이어지고 겹치는 지점에서 진짜 '보호망'이 완성된다.

피해자 안전조치 담당인 나는 다양한 APO와의 연결 고리 역할을 한다. 매일 아침 사건 발생 현황을 공유하고, 위험도 높은 피해자 명단을 함께 검토한다. 필요하면 즉시 합동 현장 방문을 추진하고, 지자체·복지기관과의 협업 회의를 주관한다. 서로의 경험과 판단을 나누는 이 과정에서 피해자 안전은 단단해진다. '협력'은 단순한 절차가 아니라, 현장을 지탱하는 또 하나의 안전조치이다.

피해자 안전조치의 많은 업무 중 하나인 스마트워치 위치 확인 업무는 단순히 위치를 확인하는 것만이 아니다. 전화 한 통, 문자 한 줄의 안부가 피해자에게는 안정의 신호가 된다.

"이제는 밤에 잠이 좀 와요." 그 한마디에 며칠간 쌓였던 피로가 사라진다.

피해자에게 지급된 스마트워치를 통한 한 번의 긴급신호가 생명을 구할 수 있다. 한 번의 진동이 수십 통의 전화와 즉각적인 경찰 인력 출동으로 이어지는 것이다.

때로는 피해자와 연락이 닿지 않아 긴장감 속에 하루를 보내기도 한다. 가정폭력 피해자의 경우 보호시설과의 협의, 긴급주거지 확보, 의료기관 연계까지 모든 과정이 맞물려 돌아간다. 피해자가 스스로 일상을 회복해 가는 그 여정을 지켜보며, 나는 비로소 '조치'가 아닌 '회복'의 의미를 깨닫는다.

피해자 안전조치에는 매뉴얼이 있지만, 현장은 늘 예외의 연속이다. 통화가 어렵고 위치가 불명확할 때, 한 통의 신호에 담긴 '살려달라'는 절박함을 잊지 않아야 한다. 그래서 우리는 서로에게 묻는다. "오늘도 누군가의 불안을 덜어줄 수 있었는가?" 이 질문이야말로 피해자 안전담당의 사명이다. 안전은 단순히 장비나 제도로 완성되지 않는다. 경찰, 복지기관, 지자체, 지역 주민이 함께 연결될 때 비로소 '지속적인 안전망'이 완성된다.

피해자 보호 과정에는 수많은 전화, 방문, 협의, 그리고 보이지 않는 감정노동이 숨어 있다. 하지만 누군가의 두려움을 덜어주는 일이 내 하루의 의미라면, 그 자체로 경찰의 자부심이자 존재 이유라고 믿는다.

피해자 안전조치는 단순한 행정 절차가 아니라, 누군가의 내일을 지켜내는 일이다. 오늘도 나는 CARE포털 시스템(피해자에 대한 보호·지원 업무를 등록·관리하는 피해자전담경찰관 업무지원시스템)을 통해 피해자 안전조치 대상자의 상태를 점검하고, 모니터링 일지를 확인하며 하루를 시작한다. 화면 속 숫자와 보고서 한 줄 한 줄이 단순한 데이터가 아니라, 한 생명의 불안한 하루와 직결된다는 것을 잊지 않는다.

제주서부경찰서 경위.
2006년 경찰에 임용되어 청문감사실과 생활안전계 등 다양한 분야에서 근무했다. 2020년 제주서부경찰서로 전입해 학교전담경찰관(SPO)으로 활동하며 청소년의 안전한 학교생활을 위해 예방 활동과 상담을 병행했다.
현재는 피해자전담경찰관으로, 학대·스토킹 등 범죄 피해자의 안전 보호와 현장 중심 지원에 힘쓰고 있다.

가해자에게 다시 돌아가지 않은 그녀의 힘

이지현

나는 범죄 피해자 보호·지원 경찰관이다. '경찰' 하면 으레 떠오르는 이미지가 가해자를 검거하여 범죄로부터 시민들을 지키는 모습이라면, 나는 범죄 피해를 당한 피해자에게 집중한다. 그들을 2차 피해로부터 보호하고, 필요한 도움을 받을 수 있도록 연계하는 일을 하고 있다. 이 일을 하다 보면 내가 마치 연예인 매니저 같다는 생각을 하곤 한다. 무명의 연예인을 발굴해 무대 위에서 빛날 수 있도록 가장 가까이에서 지원하는 매니저처럼, 나 또한 범죄 피해로 인해 얼룩진 피해자의 생활이 이전으로 돌아가 밝게 빛날 수 있도록 돕는다.

내가 유연 씨(가명)를 처음 만난 건 민간경호 미팅 때였다. 그녀는 쇼트커트에 화장기 없는 얼굴, 시커먼 후드티에 캡을 쓰고 있었다. 표정이 없어서 무슨 생각을 하는지 가늠하기 어려웠다. 의뢰 사유를 들여다보니 전남편의 상습 가정폭력에 시달리다 가정폭력 피해자 여성 쉼터로 몰래 도피하였는데 최근 전남편이 쉼터 근처까지 찾아와 이혼 소송을 취하하고 다시 만나 달라며 협박하여 경찰서로 온 것이었다. 위험성이 매우 높다고 판단되어 피해자 보호조치의 일환인 민간경호를 실시하기로 했다.

  2주간 민간경호를 진행하던 중, 전남편이 다시금 쉼터에 들어가는 그녀를 찾아왔고 민간경호원이 제지했으며 수사팀에 의해 현행범 체포되었다. 이로 인해 쉼터의 위치가 노출되어 유연 씨가 쉼터를 옮기거나 자립해야 하는 상황이 되었다. 어린 자녀가 있었기에 자립하기 쉽지 않겠다 싶어 위기개입상담(피해자전담경찰관이 추가로 필요한 도움이 있는지 파악하는 상담)을 위해 유연 씨를 경찰서 내 피해자 안정실로 맞이했다.

  이사비 및 경제적 지원에 대해 안내한 뒤 심리상담 연계 기관도 안내했는데, 유연 씨는 경찰서 내에서 상담받길 희망했다. 내심 깜짝 놀랐다. 사실 피해자 안정실은 경찰서의 여타 내부 공간과는 다르게 아늑하고 따뜻하게 꾸며진 공간이긴 하다. 하지만 이중 삼중으로 된 경찰서의 삼엄한 보안체계를 뚫고 피해 진술을 했던 조사실을 지나 깊숙한 곳에 있는 상담실에서 경찰관에게 자신의 이야기를 털어놓고 싶어하는 피해자는 없었기 때문이다.

  "경찰서가 오히려 안전한 느낌이 들어서 좋아요." 유연 씨는 이렇게 말했다. 이 말 한마디만으로도 그녀가 얼마나 불안하고 위험한 환경에서 살아왔는지 알 수 있었다. 상담을 진행하면서 좀 더 자세한 사정을 들을 수 있었다. 그녀는 몇 년 전 전남편의 상습적인 폭행을 피해 어린 자녀를 데리고 도망쳐 쉼터 생활을 했다. 그 과정에서 전남편의 회유에 가정으로 복귀하기도 하였으나 더 심한 폭력에 다시금 내쫓기듯 쉼터로 왔다고 했다.

어린 자녀와 함께하는 쉼터 생활은 녹록지 않았다. 무엇보다 견디기 힘들었던 것은 전남편에게 돌아가겠다고 결심했던 자신에 대한 혐오와 자책이었다. 쉼터에서 어떤 생활을 했는지 묻자 처음에는 아무것도 할 수 없었다고 했다. 잘 꾸미고 다니면 범죄의 타깃이 될까 봐 일부러 펑퍼짐한 옷을 입고 남자처럼 하고 다녔으며, 전남편이 찾아올까 두려워 창문을 열고 환기할 때는 창문 앞에서 감시를 했다고 한다.

유연 씨는 2~3주 푹 쉬고 난 뒤, 자녀를 위해서라도 이렇게 있으면 안 되겠다 싶어 쉼터 선생님들께 도움을 요청했다. 쉼터에서는 유연 씨의 요청을 외면하지 않았고 정신과 치료 및 집단상담을 연계해주었다. 유연 씨는 불안과 우울, 자기혐오, 미래에 대한 걱정 등을 털어놓았고 필요시엔 약물 처방도 받았다고 한다. 다행히 약물 처방과 상담이 잘 맞았고 이후 운동도 꾸준히 해 살도 빼고 자격증도 취득해서 재취업에 성공했다. 이렇게까지 할 수 있었던 데는 이전의 경험이 도움이 되었다고 한다. 전남편에게 돌아간 데는 경제적인 어려움이 컸기 때문이었기에 경제적으로 독립하는 것이 가장 중요하다고 생각했다.

　이렇게 순조롭게 쉼터 독립을 준비하던 중 다시 찾아온 전남편을 마주한 것이다. 다행히 민간경호를 통해 2차 피해를 막을 수 있었고 전남편이 체포되었다. 나는 "드디어 끝이 났구나. 이제 피해자는 안전하겠어"라며 안심하고 있었다.

　영화나 드라마였다면 여기서 이야기는 끝이 났을 것이다. 하지만 현실은 피해자의 편이 아니었다. 구속영장이 기각되어 전남편이 풀려났고, 유연 씨는 쉼터의 보호 아래 있지도 않았다. 이 소식을 전하던 날 유연 씨가 한 말이 기억난다. "전남편은 풀려났는데 쉼터에서는 나와야 하니 오히려 더 위험해진 상황이네요."

　구속영장 및 전자장치(위치추적 전자장치를 스토킹 가해자에게 부착하여 피해자와 일정 거리 이내로 가까워지면 피해자에게 경고 메시지 발송) 기각 소식을 듣고 유연 씨가 심적으로 얼마나 불안할까 하는 마음에 서둘러 상담 일정을 조율하여 만났다. 그런데 유연 씨는 담담한 모습이었다. 마치 이렇게 될 줄 알았다는 듯이 괜찮다고 말했다.

　"그 사람 때문에 저는 민간경호에 스마트워치에 이사도 몇 번이나 다녔는데 그 사람은 자유롭게 돌아다니니 억울해요. 전자장치라도 달아서 자유가 없는 그 생활을 느끼게 해주고 싶었는데⋯. 저나 그 사람 둘 중 한 명이 죽어야 끝날 것 같아요. 그래서 독립할 때 아이 학교도 바꾸지 않고 이사도 멀리 가지 않았어요. 어차피 알아낼 거 제 생활을 바꿀 이유가 없죠."

이미 전남편을 피해 생활하며 아이의 전학과 이사를 수차례 했는데도 전남편이 찾아오니, 포기한 것처럼 보였다. 가해자가 아닌 피해자가 자유를 억압받는 상황이 참 아이러니하게 느껴졌다. 법과 제도가 마련되어 있더라도 이를 이용하는 데는 어려움이 있다는 생각에 안타까웠다. 무기력해질 수밖에 없겠다며 조심스레 말을 전하자 "언제부턴가 내 일부가 이미 죽은 느낌이 든다"라고 말했다.

유연 씨가 얼마나 간절히 전남편과 이혼해서 독립하기를 꿈꿨는지 알기에 또다시 이전으로 돌아가지 않도록 도와야 했다.

"유연 씨가 112에 신고하고 쉼터로 들어가고 이혼 소송한 기록이 모두 남아 있어요. 전남편이 이후에 똑같이 행동하더라도 이전 기록이 반영되어 앞으로의 처분은 달라질 거예요. 일단 잠정조치(스토킹 행위자에 대해 서면 경고, 100미터 이내 접근 금지, 전기통신 이용 접근 금지, 위치추적 전자장치 부착, 유치장 또는 구치소 유치 등) 결정이 났으니 직접 찾아오거나 연락하진 못할 거예요. 당장 우리가 할 수 있는 일부터 찾아서 해보죠."

우리는 우선 지지부진하던 이혼 소송을 다시금 수면 위로 끌어올리기로 했다. 대한법률구조공단의 지원을 받아, 앞으로 전남편에게서 오는 모든 연락은 변호사를 통해서 받기로 했다. 뭘 어떻게 하든 전남편이 찾아올 수 있다면, 걱정하며 전전긍긍하기보다는 일단 내 삶을 잘 사는 데 집중하고 전남편이 찾아왔을 때 재빨리 경찰에 신고할 수 있도록 대응책을 마련하기로 했다. 찾아올지 말지 모르는 전남편보다 당장 독립하여 자녀와 함께할 보금자리를 꾸미는 것이 급선무였다.

　방향이 일단 정해지자 유연 씨는 누구보다도 적극적으로 여러 기관의 도움을 받았다. 이사비·자녀 학원비·가전가구 후원 등 경제적인 지원, 자녀 놀이치료·문화체험 연계 등 심리적인 지원, 법률구조공단에서 받았던 법률지원 등 다방면의 지원을 통해 자립하여 안정된 삶을 꾸릴 수 있었다.

　나조차 이렇게 많은 기관에서 범죄 피해자를 돕고 있다는 사실에 놀랐다. 사실 가정폭력의 경우 경제적 지원이 쉽지 않다. 가해자와 피해자가 완전히 분리되지 않으면 경제적 이익이 가해자에게 돌아갈 수 있기 때문이다. 유연 씨의 경우는 가해자와의 분리가 보장되었기에 가능했던 것으로 보인다. 경찰 측에서는 민간경호 종료 이후 독립한 집 현관문에 지능형 CCTV(피해자 주거지에 CCTV를 부착하여 가해자 접근 시 피해자에게 경고 메시지 발송)를 설치하여 추가 피해를 예방하도록 했다. 여전히 창문을 열 때면 불안감이 불쑥 고개를 들지만 이전처럼 창문을 지키고 있지 않을 수 있었다.

　전남편은 체포된 경험이 있어서인지 그 뒤로 직접 연락하는 대신 변호사를 통해 연락을 해왔다. 유연 씨는 합의이혼을 요구하는 그에게 솔직하게 거절 의사를 표시하면 다시금 찾아올까 봐 두려워 변호사를 통한 답변마저 하지 못했다. 나는 답변을 안 했을 때 벌어질 일에 대해 상상해보자고 했다.

　"답변을 듣지 못하면 전남편의 성격상 직접 찾아올 것 같아요. 변호사를 통해 연락하는 게 저한테도 안전하겠네요. 전남편도 변호사 통해 연락하는 걸 보니 변하긴 했네요. 제 노력이 헛되진 않았나 봐요."

유연 씨는 상담 과정에서 전남편에 대한 분노, 무기력, 두려움, 자녀에 대한 미안함 등 여러 감정을 표현했다. 3개월의 상담이 끝나갈 무렵 오며 가며 유연 씨를 봐왔던 타 기관 직원으로부터 "이분이 그때 그분이었어요? 저렇게 웃을 수 있는 분인지 몰랐네요"라는 말을 들었다. 그제야 유연 씨를 다시 보니 산뜻한 옷차림에 그간 머리도 많이 길렀고 무엇보다 표정이 자연스러워진 듯했다. 궁금해졌다. 내가 본 가정폭력 피해자들은 가해자에게 다시금 돌아가는 경우가 대부분이었는데 유연 씨는 어떻게 이 과정을 되풀이하지 않을 수 있었을까? 내 물음에 유연 씨는 이렇게 답했다.

"제일 중요한 건 내 상황을 받아들이는 것이었어요. 이전에 잘살던 내가 이렇게 다른 사람들의 도움을 필요로 한다는 게 처음엔 받아들이기 어려웠거든요. 그런데 '내가 지금은 도움받을 상황이구나. 도움받아서 나아진 뒤 내가 도움을 주자'라고 인정했더니 그 뒤로는 한결 편해져서 상담이나 경제적 지원 등을 적극적으로 받았어요."

모든 범죄가 그렇듯 가정폭력 또한 피해자의 잘못이 아니다. 지금 가정폭력으로 힘들어하는 분에게 유연 씨의 용기가 조금이나마 도움이 되면 좋겠다. 범죄 피해자의 앞날을 누구보다 진심으로 응원하며 옆에서 돕는 경찰들이 여기 있다.

안산상록경찰서 경장.
아주대학교 상담심리학과 석사 졸업 후 상담심리사 1급을 취득한 후 청소년상담복지센터에서 위기 청소년들을 만나왔다. 범죄 피해 청소년들을 만나며 범죄 피해자에 대한 관심이 생겨 22년도 범죄 피해자 보호지원 경찰관으로 입직했다. 범죄 피해자가 피해 이전의 삶으로 돌아갈 수 있도록 돕는 일에 보람을 느끼며 일하고 있다.

해바라기센터가
도울 수 있어요

김 태 희

"태희야, 빨리 조사 하나 해야겠다."

주간 근무를 위해 출근을 하자마자 전날 야간 근무를 하신 팀장님이 상기된 얼굴로 말씀하셨다. 7살 여자아이, 평소 가족들이 함께 알고 지내던 지인으로부터 강간 피해를 당했다. 아동 성폭력은 참 잔인하게도 친밀함을 가장하여 이루어지는 경우가 많다.

발생 시간은 새벽 2시경으로 추정되는데 신고 후 현장 경찰관을 만나고 해바라기센터에 도착한 시간은 5시경이다. 빠른 증거 채취가 우선이기에 먼저 증거 채취를 했다. 내가 조사를 해야 하는 시간은 아침 8시였다.

피의자가 다행히 현장에서 긴급 체포되었기 때문에 구속영장을 신청하기까지 시간이 촉박했다. 성폭력 범죄의 특성상 목격자가 없는 장소에서 이루어지는 경우가 대부분이라 피해 아동의 진술이 가장 중요한 단서가 되기에 아이의 보호자 또한 어차피 진술을 해야 한다면 지금 하고 가겠다고 하는 상황이었다. 아이는 잠도 한숨 못 잔 데다 피의자로부터 목까지 졸린 탓에 눈에 실핏줄이 터져 안구 충혈은 물론 눈 주변이 붉게 울혈이 잡혀 있었다.

13세 미만 아동 또는 장애인 피해자를 조사하기 위해서는 진술조력인, 진술 분석 전문가, 국선 변호인까지 참여하고 조사에 들어가는 것이 가장 적합하지만 이런 상황엔 그럴 시간이 없다. 나와 아이, 보호자만 좁은 진술 녹화실에 들어간다. 들어가기 전 보호자에게 많이 놀라고 힘드시겠지만 절대 아이 앞에서 울거나 보호자가 더 힘들어하는 모습을 보이면 아이가 영향을 받을 수 있다고 이야기해드리고 진술 중 아이가 힘들어할 때만 괜찮다고 다독여달라고 당부를 한다.

빨갛게 충혈된 눈에 잔뜩 겁을 먹은 아이를 나는 아무렇지 않은 척 웃으며 마주한다.

"오래 기다리느라고 힘들었지? 우리 오늘 중요한 이야기 빨리 하고 얼른 집에 가자."

"잘 기억이 안 나요."

조사 초반 아이는 잘 기억이 나지 않는다고 말한다. 이런 상황에선 평범한 어른조차 잘 기억나지 않는 게 당연하다. 그동안 내가 교육받았던 수많은 조사기법에 대한 이론과 실무를 통해 쌓아온 라포(rapport, 사람과 사람 사이에 생기는 상호 신뢰관계를 뜻하는 심리학 용어) 형성을 통해 한 시간가량 피해 내용을 청취하고 조사를 마친다.

경찰관이기 전에 나도 여자이자 엄마이기에, 이런 범죄를 혼자 오롯이 감당해야 했던 아이를 상대로 피해 내용을 들어야 할 때 마음이 너무나 아프다. 이런 상황을 마주하는 것이 버겁기도 하다.

하지만 악몽 같았을 하루를 최선을 다해 버텨낸 아이가 또다시 피해의 기억 속으로 들어가지 않도록 1차 조사에서 끝내기 위해 최선을 다한다. 당연히 우리가 해야 할 일이다.

조사가 끝나고 아이에게 "너무 고생했다. 이야기해줘서 정말 고마워. 우리 이제 이름만 몇 개 쓰고 집에 가자"라고 말하며 젤리를 쥐어주면 아이는 또 금세 웃으며 현실로 돌아온다.

피해를 당한 아이들은 한없이 약한 존재이기도 하지만 마음만큼은 그 누구보다 강해 보일 때도 있다. 이제 더 이상 피해에 대해 이야기하지 않아도 된다는 안도감에, 어쩌면 자기가 얼마나 큰 범죄 피해를 입었는지조차 인식하지 못해서 현실로 더 빨리 돌아가는지도 모른다. 당장은 괜찮아 보여도 시간이 흐르고 지금 일어난 일에 대해 자각을 하는 순간 무너질 수도 있기에 피해 이후 아이에게 더 관심을 가지고 관찰하면서 상담사나 의사의 도움을 받는 것도 필요하다. 또한 피해자를 지켜보는 보호자도 극심하게 불안정한 심리 상태가 지속된다면 함께 전문가의 도움을 받을 수 있다. 그런 역할도 해바라기센터에서 하는 일이다.

그렇다. 나는 해바라기센터에서 근무하는 경찰관이다. 해바라기센터는 여성가족부, 각 지방자치단체, 경찰청에서 협약하여 성폭력 피해자가 위기 상황에 대처할 수 있도록 상담·의료·수사를 지원하는 성폭력 피해자 통합지원센터로 전국 총 40개소가 운영되고 있다. 또한 해바라기센터의 주요 업무인 성폭력 피해자에 대한 증거 채취 및 의료지원의 효율성을 위해 도내 대학병원 등과 협약을 맺어 병원 내에 위치하고 있는 경우가 대부분이다. 앞서 말했듯 경찰관도 근무하고 있어 13세 미만 아동과 장애인에 대한 성폭력·아동학대 피해에 대한 진술 조사도 이루어지고 있다.

센터는 당연히 365일 24시간 운영되며 경찰관 1명, 간호사 1명, 상담사 1명이 한 팀이 되어 근무하고 있다. 그 외 여러 상담사와 임상심리사도 일차적인 위기 상황 지원 이후 피해자에 대한 심리치료나 의료지원 등 지속 지원을 함께하고 있다. 해바라기센터를 통해 도움을 받고자 한다면 가까운 지역에 있는 해바라기센터를 검색하여 전화 상담 후 방문할 수 있다.

범죄는 늘 예고 없이 갑자기 발생하며 그 어떤 경우에도 피해자의 잘못이 아니다. 그럼에도 불구하고 아직까지도 성폭력 피해자는 피해를 당한 것에 대해 자책감을 갖는 경우가 많다. 현실도 아득한데 앞으로 일어날 2차 가해에 대한 두려움까지 겹쳐 신고를 지체하는 경우가 있다.

하지만 피해자 신체에 남은 증거는 시간이 경과하면 사라진다. 일단 성폭력 피해 직후라면 바로 112신고를 통해 현장에서 근무하는 경찰관을 만나 도움을 요청하고 해바라기센터까지 빨리 가야 한다. 또한 피해자는 가급적 피해 현장을 청소하지 말고 피의자와 접촉했던 속옷, 의류도 갈아입지 말고 신체 부위도 씻지 않고 신고를 하는 것이 중요하다.

경찰서 여청수사팀에서 근무할 당시 대학 선배가 후배를 집으로 오게 한 뒤 후배의 가슴을 만지는 추행을 한 사건이 접수되었는데 증거는 피해자의 진술뿐이었다. 그러나 피해자가 입고 있던 의류를 국립과학수사연구원으로 감정 의뢰하여 피해자의 티셔츠 가슴 부위와 브래지어에서 피의자의 DNA를 확인할 수 있었다. 이처럼 피해 당시 입었던 의류는 혐의를 입증하는 데 중요한 증거물이 될 수 있다.

내가 그 당시에 이렇게 빨리 증거물을 확보할 수 있었던 것은 다른 사건 때 비슷한 증거물을 놓친 경험이 있어서이다. 시행착오를 겪고 난 뒤 이러한 증거물의 중요성을 몸소 깨달았다고나 할까. 물론 증거물이 없다거나 피해 일시가 상당 시간 경과하였다고 신고 접수를 할 수 없는 것은 아니니 일단 가까운 해바라기센터로 전화하여 상담부터 받아보기를 권한다.

해바라기센터를 방문하는 피해자들은 사회에서 정해놓은 약자인 경우가 많다. 그렇기에 더욱 경찰의 도움과 보호가 필요하다. 우리가 할 수 있는 피해자에 대한 지원을 통해 피해자가 그날의 기억으로부터 온전히 벗어나 스스로 현재를 다시 살 수 있게 되리라 믿는다.

사람에게는 누구나 스스로 일어설 수 있는 힘이 있다. 단 한 사람의 따뜻한 말과 다독임만 있다면 용기를 얻는다. 우리 모두가 누군가에게 그런 한 사람이 되어 줄 수 있길 바란다.

경기남부경찰청 여성안전과 경위.
직장인, 엄마, 여자로 굴곡진 현생을 살고 있다. 그 경험과 현장에서 보아온 다양한 관계 속에서 다정함, 따뜻함, 공감, 배려, 진심의 힘이 얼마나 크고 소중한지 잘 알게 되었다. 물론 모든 관계에서 적용되는 단어는 아니지만 피해자를 만날 때만큼은 늘 그러한 마음을 품고 있는 19년 차 경찰관이다.

"우리는 끝을 보기 전까지 쉴 자격이 없다!"

박해연

25. 7. 1. (보통 심각한 게 아니다)

야간 근무가 끝나는 새벽 사무실, 지구대 직원이 서류를 들고 사무실로 들어왔다. 스토킹 사건. 서류를 몇 장 넘기는 순간 '보통 심각한 게 아니다'라는 직감이 들었다.

사건의 전말은 이렇다.

가해자는 중년 남성, 피해자는 10살 연하의 여성. 두 사람은 한때 연인이었지만, 이제는 가해자와 피해자가 되어 있었다. 2년 전 남자는 이미 감옥에서 자신의 집착에 대한 대가를 치렀다. 피해자는 그에게서 도망치고 싶어 생활 터전과 주소를 옮겼다. 그러나 가해자는 다시 피해자를 찾아 마포로 왔다. 사건 내용은 짧았지만, 서류에는 피해자의 공포심이 가득 차 있었다.

이건 절대로 수사관 혼자서 진행할 수 없는 사이즈의 스토킹이었다. 모두 100퍼센트 늦은 퇴근을 예상했다. 각자 맡은 다른 사건은 미뤄둔 채 CCTV 확보, 긴급한 서류 작성, 피해자 상담 등을 나눠서 하기 시작했다.

CCTV에서 가해자는 피해자 직장 근처에서 기다리다가 퇴근하는 피해자를 쫓아갔다. 피해자는 가해자에게서 벗어나기 위해 팔을 뿌리친 후 도망쳤다. 가해자는 피해자 주변으로 다가가 경찰관을 만나는 피해자를 몰래 지켜본 후 사라졌다.

위험한 상황이었다. 더군다나 접근금지 통지 이후 가해자의 전화기가 계속 꺼져 있었다. "아! X됐다. 오리지널 스토킹이다"라는 저급한 탄성이 절로 나왔다. 피해자는 "제가 신고해서 그 사람이 감옥에서 살았는데 이제는 저를 죽이려고 찾아왔나 봐요. 너무 무서워요. 저는 죽을 수밖에 없나 봐요"라며 공포에 질려 울음을 토해냈다.

우리는 속으로 '왜 이런 시련이, 우리도 무섭다!'라고 비명을 질러댔다. 가해자의 추가 스토킹 범행을 찾기 위해 계속 모니터를 주시했다. 그날 저녁까지 가해자의 추가 스토킹 범행은 찾을 수 없었다. 결국 피해자의 공포감과 우리의 불안한 심정만 남게 되었다.

25. 7. 2.(너의 집착은 무엇이니)

두려움과 공포심에 사로잡힌 피해자는 날짜와 사실을 착오하는 경우가 있다. 우리는 아침부터 경찰서에서 피해자를 만나고, 보강이 필요한 CCTV를 찾아다녔다.

몰래 생활 터전을 옮긴 피해자를 가해자는 어떻게 찾아서 마포로 왔는지, 감옥에서 집착의 비용을 지불했음에도 어떠한 마음으로 피해자를 또 찾아왔는지, 가해자가 말해주기 전까지 명확한 것은 아무것도 없었다. 감옥에서 나온 이후 피해자에게 '너를 위한다'며 메시지를 보낸 것, 가해자의 핸드폰이 꺼진 상태로 잠적해버린 것이 피해자와 우리 모두에게 더욱더 불안감을 심어주었다. 혹시라도 가해자가 피해자 앞에서 극단적인 선택이나 다른 형태의 강력범죄로 이어지는 것은 아닌지, 피해자 보호에 실패하는 것은 아닌지, 이런 두려움에 우리 마음은 무거워지고 급박해졌다.

그날 저녁, '지금 독립문역 근처다. 집에 들른 후 경찰서에 출석하겠다'라는 가해자의 연락이 있었다. 그 후 다시 연락이 두절되었다.

우리는 독립문 근처를 수색하고 가해자 집 앞에서 기다렸다. 하지만 가해자의 약속은 믿을 수 없다는 조직 내부의 속담만 재차 확인할 수밖에 없었다.

25. 7. 3.(넌 도무지 안 되겠다)

가해자 집에는 출입한 흔적이 없었다. 유치장 또는 구치소 유치를 위한 법정 심문에 가해자가 불참했다는 법원의 연락을 받고는 '넌 도무지 안 되겠다'라는 다짐을 했다.

이때부터는 촘촘한 피해자 보호를 위해 임시숙소 입소를 위한 피해자 설득, 민간경호를 의뢰하였고, 가해자에 대해서는 체포영장, 핸드폰 실시간 위치 추적을 위한 영장 신청서와 수사 서류를 보강하기 시작했다.

밤 10시, 회식을 미루고 피해자의 퇴근 시간에 맞추어 피해자를 데리러 직장에 찾아갔다. 피해자 직장 마감 시간 전에 도착하니, 직장 내부에 불이 꺼져 있고 출입문 셔터가 내려와 있는 것이 아닌가!

피해자가 가해자에게 납치된 상상을 하면서 극도의 불안감에 심장이 덜컥 내려앉았다. "지금은 전화를 받을 수 없습니다"라는 피해자 핸드폰의 음성메시지는 우리 모두를 그 자리에서 주저앉게 만들었다. 잠시 후 집에서 짐을 챙기고 있었다는 피해자 말에 겨우 안도할 수 있었다.

25. 7. 4. (5일 만에 아내와 점심을 먹다)

5일 만에 아내와 점심을 먹으면서 같은 경찰관인 아내에게 가해자의 잠적 예상지를 물었다. 아내는 가해자의 형제, 친척, 익숙한 동네의 숙박업소라고 대답했다. 무언가 느낌이 왔다.

바로 출근해서 야간 근무를 하기 전까지 가해자의 형제, 친척, 주소를 확인하였다. 이럴 수가! 가해자의 친척이 가해자와 같은 구에 살고 있는 것이 아닌가! 반드시 널 찾아내겠다고 다짐했다.

야간 근무 내내 핸드폰이 꺼져 있는 가해자 집 앞에서 교대를 하면서 대기했다. 핸드폰은 계속 꺼져 있고, 가해자는 나타나지 않았다. 우리가 가해자를 만나지 못하는 기간만큼 피해자의 불안감이 커지는 것만 확인할 수 있었다.

25.7.5.(도대체 어디에 있니)

아침 9시, 야간 근무 때 접수된 사건은 미뤄두었다. 미뤄둔 만큼 우리는 가해자를 찾아야 했다.

오후 2시, 가해자 친척 집 부근을 수색하거나 대기하였지만, 가해자는 나타나지 않았다. 넌 도대체 어디에 있는 거냐. 이제 진짜 잠이 온다. 그저 자고 싶다는 원초적 욕망에 무릎을 꿇었다. 결국 쉬는 날인 내일을 기약하며 발걸음을 옮길 수밖에 없었다.

25.7.6 (쉴 자격이 없다)

쉬는 날이었다. 하지만 피해자와 가해자가 분리되지 않은 이 상황은 우리를 쉴 수 없게 했다. 쉴 자격이 없었다. 가해자는 잠적했지만, CCTV로 미처 확인하지 못한 가해자의 추가 스토킹 범행이라도 찾아야 했다.

약 한 달 치 피해자의 퇴근 경로에 있는 CCTV는, 가해자가 피해자의 직장뿐만 아니라 피해자 집 주변을 돌아다니는 소름 돋는 사실을 추가하였을 뿐, 가해자의 은신처나 동선은 알려주지 않았다. 답답했다. 여전히 가해자는 행방불명이었고, 핸드폰은 꺼져 있었다.

25.7.7.(기도했다)

'우리랑 연락만이라도 하자' 하고 기도했다. 사건 수사 보고서가 늘어나는 만큼 피해자의 불안감과 공포심이 늘어난다는 압박감이 우리를 조여왔다. 피해자는 "제가 살아 있을 수 있을까요?"라고 물어보았지만, 우리는 대답을 머뭇거렸다.

25.7.8.(검거 태세에 돌입하다)

체포영장, 실시간 위치추적영장이 발부되었다. 이때부터는 체포영장, 수갑, 삼단봉을 손에 쥐고 검거 태세에 돌입하였다. 목표는 이번 달 안 검거로 정했다.

새로 접수되는 사건은 쌓여갔지만 미뤄두었다. 그만큼 우리는 검거에 절박했다. 가해자의 취미, 자주 가던 술집, 소비 내역 등을 세세하게 파악하였지만, '유레카'라고 외칠 만한 단서를 발견하지 못했다. 수사관 자격이 있는 건가, 하는 자괴감이 들기 시작했다.

25.7.9.(사건 중반에 이르러 그 이유를 상기했다)

야간 근무가 끝난 오전 9시, 우리는 원점에서 다시 가해자를 쫓기 시작하였다. 하지만 오후 3시까지, 여전히 가해자는 행방불명이었다. 이때쯤 나는 지쳐가는 팀원들의 표정을 보았고, '담당 수사관이나 팀장도 아닌 내가 무슨 자격으로 이들에게 이렇게 올인하자고 할 수 있나'라는 강한 의구심이 들기 시작했다.

오후 4시, 동료와 커피를 마시면서 "우리가 하는 수사 방향이 맞는 걸까?"라고 혼잣말처럼 물었다. 동료는 "우리 맨땅에 헤딩하는 거 맞는데, 이런 건 맨땅에 헤딩해야 잡을 수 있어요. 형도 알잖아요"라고 말해주었다.

그 순간, 운명처럼 가해자의 핸드폰 위치가 명동으로 확인되었다. 비겁하게도 처음 드는 생각은 쉬고 싶다, 였다. 검거해야 한다는 사명감은 뒤늦게 휘몰아쳤다. 명동으로 갈지 어서 결정하라는 팀원들의 표정, 수화기 너머 명동행을 결정하라는 담당 수사관의 압박 같은 침묵과 기다림이 있었지만, 내일을 기약하자는 비겁한 변명을 내뱉고 싶었다.

그때 문득 떠올랐다. 약 13년 전 초임 순경 시절, 여성청소년이라는 이름의 부서는 여성, 노약자, 아동을 보호하기 위해 생긴 특별한 부서라고 말해준 어느 경사의 말이 귓가에 울렸다. 사명감과 목적의식은 피곤과 고단함에 절어 있던 우리를 다시 불타오르게 했다.

"그래 가자, 끝을 보자, 끝을 보기 전까지 우리는 쉴 자격이 없다."
우리는 비명 같은 각오를 다졌다.

36시간 동안 잠을 못 잔 상태에서 다시 체포영장, 수갑, 삼단봉을 손에 쥐었다. 비명 같은 각오가 무색하게도 15분 만에 가해자의 핸드폰은 다시 꺼졌다. 하지만 티끌 같은 단서라도 찾기 위해 명동행을 강행하였다. 놓칠 수 없다는 절박함에 각자 장소를 나누어 해질 녘까지 수색과 잠복을 하였지만, 명동 한가운데 그 많은 인파 속에서 가해자를 찾아낼 수 없었다.

다시금 우리 마음속에 내일을 기약하자는 비겁한 마음이 자리 잡았다. 덥고 습한 날씨에 팀원들의 눈은 반쯤 감긴 상태였다. 내 모습 또한 이들과 다를 바 없겠지.

내 몰골을 본 아내가 걱정하면서 수사팀에서 나오라고 할까 봐 퇴청 후 집이 아닌 목욕탕으로 갔다. 목욕탕에서 기도했다. '제발

한 번만 더 핸드폰을 켜다오.'

25. 7. 10. (서울에서 김 서방 찾기)

가해자의 전날 동선과 현재 동선, 은신처를 확인하기 위해 명동 일대 CCTV를 보았다. 불안과 피로감에 젖어 우리는 서울에서 김 서방 찾기를 했을 뿐이었다. 피해자는 공포감에 직장을 그만두기로 했다고 말했다. 우리 마음속에 피해자 보호 실패라는 단어가 꾸역꾸역 차오르기 시작했다.

25. 7. 11. (피곤함과 고단함을 봉인하고 싶었다)

가해자의 꺼진 핸드폰처럼 우리의 체력도 꺼지기 시작했다. 더욱이 다음 날 근무는 아침 9시부터 그다음 날 아침 9시까지이다. 그것도 최고로 바쁜 토요일. 생각만 해도 긴장이 가슴에 차올랐다. 실제로 피곤하고 고단했다. 집에 가서 기름진 치킨과 콜라로 피곤함과 고단함을 위장 속으로 함께 흘려보내 봉인하고 싶었다. 하지만 피해자가 느낄 공포심과 두려움이 우리를 지켜보는 느낌이었다.

25.7.12. (피해자 보호의 완성은 가해자 격리)

오전 11시, 운명의 수레바퀴가 다시 구르기 시작했다. 가해자 핸드폰 위치 확인. 동대문, 종로구, 중구, 용산구 그리고 꺼짐. 우리는 직감했다. 그가 오고 있다. 가해자의 집, 피해자의 직장, 피해자의 집, 그가 어디로 갈지 신속한 결정이 필요한 순간이었다.

스토킹은 집착의 다른 이름이다. 수사 경험상 가해자는 반드시 돌아온다.

시간은 때마침 11시, 피해자가 직장에 출근하는 시간이었다. 우리는 체포영장, 수갑, 삼단봉을 손에 쥔 채 피해자 직장 주변에서 잠복했다.

모자, 선글라스, 마스크와 익숙한 걸음걸이, 그였다. 그는 우리를 의식하지 못하고 피해자 직장 창문을 힐끗 바라보며 움직였다. 가해자가 피해자 집 방향으로 걸어갈 때 우리와 눈이 마주쳤다.

가해자는 무언가를 느낀 것인지 반대 방향으로 뛰기 시작했다. 도망가는 가해자를 막다른 골목으로 몰았고, 우리는 그를 붙잡았다. 수갑이 채워지는 소리가 유난히 크고 느리게 울렸다. 가해자의 가방에는 낚시용 회칼, 농약병이 들어 있었다. 그가 조금만 더 빠르고 우리가 조금 더 늦었다면 피해자는 이미 뉴스 속에 있었을지도 모르는 상황이었다. 마침내 우리는 가해자에게 수갑을 채워 피해자와 가해자를 격리할 수 있었고 피해자 보호에 성공했다. 피해자의 공포심 또한 수갑을 채움과 동시에 사라졌다.

나는 외쳤다. "우리 며칠만 쉬자!"

에필로그 (피해자 보호는 아직 끝나지 않았다)

가해자의 핸드폰, 진술, 동선 모든 것이 가해자에게 조력자가 있다는 것을 확신하게 만들었다. 숨어 있는 조력자가 있는 한 피해자의 공포는 끝나지 않는다. 우리는 피해자의 공포를 완전히 끝내기 위해 그리고 우리가 경찰로 존재하는 이유를 찾기 위해, 숨어 있는 조력자를 찾아 오늘도 현장에 출동한다.

서울마포경찰서 경사.
15년 차 경찰 조직에 투신 중. 강력팀을 거친 후 여성청소년과수사팀에 자원하여 스토킹·교제폭력 등 피해자 보호의 최전선에서 근무하고 있다. 피해자가 마음 편히 쉴 때 수사관도 쉴 자격이 생긴다는 마음으로 피해자 보호에 중점을 두고 근무하고 있다.

일상으로 돌아가는
징검다리 놓기

정명기

   3월, 봄의 초입이었지만 겨울의 매서움이 여전히 기승을 부리던 어느 날이었다. 30대로 보이는 가냘픈 여성이 조심스레 여성청소년 수사팀 사무실로 들어왔다. 잔뜩 그늘진 얼굴로 불안한 듯 연신 주변을 두리번거리던 영희(가명) 씨의 모습을 기억한다. 허리를 감싸 쥐고 얼굴을 찡그린 그녀는 고통을 참고 있는 듯했다. 그녀에게 사건 개요를 듣기 위해 계속 말을 걸었지만 영희 씨는 내 눈을 제대로 쳐다보지 않은 채 남편과 불화가 생겨 잠시 떨어져 있고 싶다며 임시숙소(신변 위협으로 귀가가 곤란한 피해자가 임시로 체류할 수 있도록 제공되는 숙소)를 알아봐달라는 말만 했다. 그 모습에서 나는 뭔가 깊은 사연이 있음을 직감적으로 느낄 수 있었다. 그냥 보내서는 안 될 것 같다는 예감에 영희 씨를 붙잡았던 것 같다.

남편과의 관계나 불화의 원인에 대해 재차 물어봤지만 처음 반응은 상당히 완고했다. 개인사를 물어보는 나에게 거칠게 항의하며 며칠 머물 곳만 알아봐달라는 말만 계속했다. 뭔가 석연치 않은 태도에 나와 동료 경찰은 잠시 휴식을 취하며 그녀가 먼저 마음을 열도록 해야겠다고 생각했다.

 우리는 가볍게 일상적인 대화를 나누면서 영희 씨의 마음을 두드렸다. 그러던 중 우리의 진심이 조금은 통했는지 그녀가 조금씩 남편과의 불화에 대해 털어놓기 시작했다. 마치 일상적인 부부싸움인 듯 남편의 폭행과 폭언을 담담하게 이야기했다. 그녀가 하는 말 중에 그냥 흘려들을 수 없는 몇 가지가 있었다. "내가 남편에게 혼날 짓을 했다"라거나 "남편이 평소에는 아주 좋은 사람이다"라고 말하면서 남편을 옹호하고 혹시라도 남편에게 작은 피해라도 갈까 봐 노심초사하는 모습이 보였다.

 우리는 서두르지 않고 천천히 이야기를 나누었다. 어느샌가 그녀에게 남편이 저지른 악행을 조금씩 전해 들을 수 있었다. 남편의 폭력에 익숙해진 탓인지 자신은 없고 남편의 부속물로 존재하는 듯이 보였다. 남편이 만든 험난한 감옥에서 힘겹게 하루를 살아가는 고된 삶이 조금씩 윤곽을 드러냈다. 명백한 가스라이팅이었다. 우리는 먼저 그녀가 남편이 만든 질서에서 빠져나오도록 돕기 위해 가스라이팅 관련 기사를 보여주고 사례를 설명했다. 스스로 자신의 상황을 판단할 수 있도록 서두르지 않고 천천히 설득하기로 했다.

며칠 후 그녀가 나를 찾아왔다. 영희 씨는 완전히 달라져 있었다. 경찰관에게 두터운 벽을 세우고는 작은 틈으로 조금씩 자신을 보여주던 영희 씨가 이제 문을 활짝 열고 그간의 힘든 삶을 전부 들려주었다. 그녀의 입에서 나오는 말은 오랜 시간 가정폭력 사건을 담당해왔던 베테랑 수사관인 우리에게도 충격적이었다.

처음 남편을 만난 것은 7년 전쯤이었다고 했다. 결혼 이후 조금씩 거칠어지는 남편의 언행을 사랑하는 마음으로 이해하려 했고 나아지기를 기대하며 기다렸다고 한다.

때론 남편의 지나친 집착이 자신에 대한 깊은 사랑이라며 스스로를 다독이기도 했다. 그러나 그녀의 노력은 남편의 억지와 듣도 보도 못한 체벌이라는 이름으로 돌아왔고, 저항할 수 없는 폭력 속에서 어느샌가 자신도 모르게 순종하게 되었다고 한다.

남편의 폭력은 상상을 초월했다. 마치 예전 군대에서나 있었을 법한 가혹행위를 아내에게 강요했다. 손을 뒤로 깍지 끼게 한 다음 머리와 발끝으로만 엎드린 채 자세를 유지하는 '원산폭격'이라는 것도 시켰는데, 자세가 흐트러지면 허리를 발로 걷어찼다. 목표 지점과 시간을 정해주고 뛰어서 다녀오도록 하였고, 시간을 지키지 못하면 무자비한 폭력을 행사했다. 그녀를 처음 만난 날 허리를 부여잡으며 아파했던 것도 원산폭격 자세로 허리를 걷어차여 허리뼈가 크게 다쳤기 때문이라고 했다. 허리를 걷어찬 후 2킬로미터가 넘는 목표 지점을 뛰어갔다 오라고 시켰는데, 허리가 아픈 영희 씨가 정해진 시간이 넘어도 돌아오지 않자 남편이 전화로 욕설과 폭언을 퍼부었다. 이대로 집으로 가면 맞아 죽을지도 모른다는 생각에 도망친 거라고 했다.

남편의 가혹행위는 이뿐만이 아니었다. 함께 등산을 하다가 기분이 나쁘다는 이유로 영희 씨를 밀쳐 팔과 어깨에 심한 상처를 입은 적도 있었다. 잘못을 저질렀다는 이유로 베란다나 현관 신발장 앞에서 잠을 자게 한 적도 많다고 했다. 이야기를 들으면서도 '도대체 내가 지금 무슨 말을 듣고 있는 거야? 설마 이게 사실일까?' 하는 생각이 들 정도였다. 마치 염전 노예처럼 영희 씨를 학대한, 인간이 길 포기한 듯 냉혹했던 남편에게 분노가 솟구쳤다.

영희 씨의 삶을 갉아먹은 남편의 폭언과 폭행은 결혼 전 밝고 활기차고 순수했던 한 여자의 삶을 송두리째 변화시켰다. 그녀는 탈출구가 보이지 않는 무저갱 같은 감옥에 갇혀 어쩌면 조금씩 죽어가고 있었으리라. 남편에 대한 극심한 공포로 인해 집에 들어가면 맞아 죽을지도 모른다고 생각할 수밖에 없었을 것이고, 지하철역 여자 화장실에 숨어 절박하게 도움 받을 수 있는 방법을 검색했을 것이다. 여성긴급전화 1366(가정폭력, 성폭력, 스토킹 등 여성폭력 피해자들에 대해 24시간 피해 상담 제공)으로 전화해서 상담 후 경찰관을 만났을 때도 솜방망이 처벌 이후에 이어질 남편의 보복이 더 두려웠을 것이다. 그래서 그렇게 우리에게 벽을 치고 남편을 보호하려는 듯 행동한 것이었다.

영희 씨의 절박한 절규에 분노가 치밀어 올랐다. 내가 할 수 있는 일을 가장 완벽히 해내야 할 순간이라는 생각이 들었다. 나는 그녀가 다시 자신의 삶을 살아갈 수 있도록 도와야겠다는 다짐을 했다. 한편으로는 수사관으로서 냉정하게 상황을 판단해야 했기에 감정에 치우치지 않도록 스스로 마음을 다잡아야 했다.

나는 먼저 영희 씨의 마음이 바뀌기 전에 진술을 확보해야 한다는 생각을 했다. 어쩌면 영희 씨도 피해 진술을 하면서 각오를 다질 것이라는 기대감도 있었다. 부부라는 이름의 인연을 내 손으로 깰지도 모르는 지루한 싸움이 될 것이기에 나 역시도 그녀의 진술을 조서라는 형태의 증거로 만들어내며 각오를 다지고 싶었다.

긴 시간 그녀의 고된 삶의 흔적이 활자 형태로 조금씩 체계를 갖추어 가고 있었다. 그녀가 허리를 다친 상태라는 생각이 나서 허리가 아프면 일어나도 된다고 무심결에 한마디를 했다. 그 한마디 말에 감동받아 눈물을 글썽이는 영희 씨를 보면서 그녀의 무너진 자존감과 황폐해진 마음을 알 것 같아 서글픈 마음이 들었다.

이 사건을 처리하면서 가장 힘들었던 것은 한 사람의 처절한 삶에 공감하면서도 수사관으로서의 냉철함을 유지하는 것이었다. 그녀에게 새로운 삶을 향한 길을 열어주기 위한 첫걸음인 만큼 적어도 나는 이 사건을 객관적으로 보고 그것을 증명할 수 있는 실체를 캐내어야 할 터였다. 나는 조심스럽지만 단호하게 말을 꺼냈다.

"결혼생활 동안 수없이 많은 폭행과 폭언이 있었고 그로 인해 얼마나 힘들었을지에 대해서 저도 정말 마음이 아픕니다. 하지만 저는 수사관이고 영희 씨가 고통에서 해방되도록 돕기 위해서는 범죄를 입증하기 위한 증거가 있어야 합니다."

혹시나 이 말로 인해 영희 씨가 좌절하고 다시금 마음을 닫을지 몰라 마음을 졸였다. 하지만 잠시 생각에 잠겨 있더니 조심스럽게 말을 꺼내었다.

"남편이 제가 잘못한 일이 있으면 '너는 수치심을 느껴야 한다'며 속옷까지 벗기고 엉덩이로 이름을 쓰게 한 다음에 자기 휴대폰으로 영상을 찍었어요. 아마 남편 휴대폰에 그 영상이 있을 거예요."

나는 경악했지만 동시에 환호성을 지를 만큼 반갑기도 했다. 수사관으로서 범죄를 수사할 때 결정적인 증거가 존재한다는 것이 얼마나 큰 힘이 되는가.

그뿐이 아니었다. 그녀가 작은 목소리로 나에게 물었다.

"제가 잘못할 때마다 남편이 저한테 반성문을 쓰라고 했어요. 반성문에 제가 잘못한 내용만 있고 남편이 저를 때리거나 모욕한 내용은 없는데, 이것도 도움이 될까요?"

"물론이죠. 남편이 지속적으로 영희 씨를 가스라이팅 해왔다는 증거로 영희 씨의 피해를 입증할 강력한 정황 증거가 될 겁니다. 또 형법상 강요죄로 영희 씨에게 의무가 아닌 일을 강요했다는 별개의 범죄도 될 수 있어요."

진술조서를 작성해 나가면서 남편으로부터 벗어날 수 있다는 작은 희망이 생겼는지 그녀는 조금씩 변하기 시작했다. 시간이 흐를수록 숨겨져 있던 밝고 긍정적인 본래의 모습이 조금씩 나오는 것 같았다.

조서를 마치고 이후에 이어질 절차에 대해서 차분하게 설명했다.

남편을 상대로 접근금지를 신청할 것이며 그에 따라 남편이 피해자 근처에만 가도 처벌받을 것이라고 하자 크게 안도하는 것 같았다. 예전에 찍어놓았던 사진이나 병원 진료에 대한 기억도 조금씩 끄집어내 주었다.

긴 시간이 지나고 영희 씨는 밝은 모습으로 임시숙소로 돌아갔다. 이제 우리의 본격적인 업무가 시작되었다. 나와 동료 경찰은 퇴근을 미루고 임시조치와 압수영장 신청서를 작성했다. 그리고 혹시 모를 남편의 보복에 대비해 피해자를 임시숙소에 계속 머물게 하는 것이 나을 것 같다고 결론지었다. 작은 실수도 막기 위해 몇 번이나 검토하여 임시조치와 압수영장 신청 기록을 만들어 검찰청에 인계하고 나서야 겨우 퇴근할 수 있었다.

며칠 후 발부된 임시조치 결정서를 남편에게 통보하러 가면서 남편의 휴대폰과 집 내부를 수색하여 영희 씨가 말한 반성문 노트 8권을 압수하였다. 그녀의 진술이 구체적인 증거로 증명되는 순간이었다. 처음에 남편은 생각보다 온순해 보였다. 마치 경찰의 방문을 상상조차 못했다는 듯 순진한 얼굴로 자신의 혐의를 부인했다. 그러나 임시조치 결정서 사본을 읽어 보고 휴대폰을 뺏기고 나자 남편은 돌변했다. 처음에는 폭행을 부인하더니, 부부 사이 일에 왜 국가가 끼어드냐며 소리쳤다. "내 마누라 내가 혼낼 수도 있지. 왜 너희들이 지랄이야!" 아내에게만 나타났던 괴물이 궁지에 몰리자 얼굴을 드러냈다. 우리는 대꾸할 필요를 느끼지 못했다. 출석해서 조사받아야 한다는 것과 임시조치 결정 내용을 위반하면 별도로 처벌받게 된다는 점을 강력하게 경고했다. 남편의 눈에 두려움이 번지기 시작하는 모습이 보였다.

얼마 뒤 경찰서에 자진 출석한 남편은 기가 많이 죽어 있었다. 하지만 여전히 자신의 잘못을 인정하지는 않았다. 아내에게 행한 폭력을 사소한 부부싸움으로 포장하였고 휴대폰 영상은 영희 씨의 동의로 촬영한 장난이라고 했다. 남편은 가증스럽게도 끝끝내 반성하지 않았다.

우리는 남편에 대해 구속영장을 발부받았다. 부디 영희 씨가 살아가는 세상으로부터 철저하게 격리되기를 간절히 바랐다. 검찰에 송치되는 순간에라도 남편이 사과의 말을 아내에게 전해달라고 하기를 빌었지만 그는 끝까지 억울하다는 표정이었다.

남편에 대한 검찰 송치가 모두 끝났지만 관계성 범죄(가해자와 피해자 사이의 관계에서 반복되는 범죄를 말하며 가정폭력, 아동학대, 스토킹, 교제폭력 등이 대표적)의 경우 송치로 모든 일이 끝나지 않는다. 나는 영희 씨가 일상으로 돌아갈 수 있도록 작은 징검다리를 깔아주고 싶었고, 경찰서 여성청소년계, 가정폭력상담센터와 함께 힘을 모았다. 피해자 전담경찰관을 통해 치료비 지원과 심리상담을 받을 수 있게 했다. 다행히도 여러 민간단체와 지자체가 도와주어 그녀가 다른 지역으로 이사해서 정착할 수 있도록 주거 지원 등 여러 가지 도움의 손길이 이어졌다. 여러 도움 속에서 영희 씨는 스스로 용기 내어 자기 앞에 놓인 징검다리를 힘차게 건너갔다.

그러던 어느 날 사무실로 영희 씨가 밝은 목소리로 전화를 걸어왔다.

"팀장님 감사합니다. 도와주신 덕분에 저 새집으로 이사 가게 되었어요. 그동안 내가 얼마나 나 자신을 괴롭히면서 살았는지 알게 되었어요. 이제 저 스스로를 더 사랑하면서 살아가려고요."

그 목소리에는 잃어버린 자신을 찾아 스스로의 삶을 살아가겠다는 확신이 담겨 있었다. 나도 반갑게 응답했다.

"영희 씨, 이사 날이 언제예요? 우리 사무실 사람들이 도와주러 가고 싶다네요."

그녀는 현재 자신의 삶을 살아가고 있다. 그녀의 목소리는 봄날처럼 따스하고 상쾌해졌다. 최근 과거 아픔까지 보듬어주는 남자를 만나 행복한 삶을 살아가고 있다고 했다. 부디 그녀가 더 이상 누군가의 잔혹함에 상처받지 않기를 빌며 그녀에게 축하와 격려의 인사를 건넸다. 잔혹한 겨울을 견디고 일어선 그녀의 봄날이 계속되기를 빌어본다.

경기남부경찰청 범죄예방대응과 경감.
2020년부터 5년간 일선 경찰서 여성청소년수사팀장으로 근무하며 가정폭력과 아동학대 등 사회적 약자 보호사건을 전담했다.
재임 중 도경찰청 으뜸수사팀 4회, 경찰청 베스트 팀장으로 선정되는 등 탁월한 업무 역량을 인정받았다. 현재는 범죄 피해자의 원활한 사회 복귀를 위해 골든타임 대응이 가장 중요하다는 생각에 심리상담학을 전공해 상담 기법을 연구하는 데 열정을 쏟고 있다.

2장

친밀한 폭력이라는 복잡한 범죄 현장

가정폭력에서
사건 처리보다 더 중요한 것

강남희

경찰로 임용되고 첫 근무지는 지구대였다. 작은 체구에 어린 나이였던 10년 전의 나는 매일이 도전의 연속이었다. 신고 출동을 나갔을 때 "어머, 이분은 고등학생 실습생이에요?"라며 귀엽다는 듯 웃던 아주머니의 눈빛이 아직도 잊히지 않는다. 그 시절의 나는 어려 보이는 외모가 스트레스였다. '경찰다운' 인상 하나로도 신뢰를 얻는 지구대에서, 나는 늘 작아질 수밖에 없었다. 무도 훈련을 꾸준히 하며 강단 있는 모습을 보이려 했지만, 신고 현장마다 "저는 유도 3단, 태권도 1단이에요"라고 외칠 수도 없는 노릇이었다.

결국 고민 끝에 여성청소년계로 발을 돌렸다. 적어도 여기서는 '친근한 외모'가 약점이 되지 않을 것 같았다. 하지만 생각만큼 인기 있는 부서는 아니었다. 인사이동이 잦은 곳이었다. 그만큼 버티기 어려운 자리라는 뜻이었다. 예고 없이 터지는 사건, 새벽이든 밤이든 즉각적인 대응이 필요한 상황이 반복됐다. 그리고 예상보다 그런 사건이 매우 많았다.

그럼에도 불구하고, 나는 그곳이 잘 맞았다. 성폭력·학교폭력·가정폭력 피해자들을 만나 그들의 마음을 위로하고, 다시 일어설 수 있도록 돕는 일이 나에게는 보람으로 다가왔다. 그렇게 꽤 오랜 시간 여성청소년계에서 근무했다. 아니, '버틸 수 있었다'는 표현이 더 맞을지도 모르겠다.

그 경험들이 쌓인 덕분에 아동학대 APO를 처음 맡았을 때, 나는 스스로 잘할 수 있을 거라 생각했다. 그러나 아동학대 업무는 이전에 맡았던 성폭력·학교폭력·가정폭력 사건들과는 전혀 다른 결의 복잡함을 지닌 일이었다. 현장에서 "경찰관님, 아기 키워보셨어요?"라는 분노 섞인 말을 들을 때도 있었다. 그럴 때면 '내가 엄마가 된다면 이 일을 더 잘할 수 있을 텐데'라고 생각했다. 하지만 지금 돌아보면, 그건 '내 생각이 옳다'는 믿음에서 비롯된 교만이었다.

나는 엄마가 되었다.

토닥토닥, 아들을 재우기 위해 엉덩이를 톡톡 치던 손길이 점점 거세진다. 방에 들어온 지 한 시간이 훌쩍 넘었는데 잘 기미가 보이지 않는다. 환이야, 네가 빨리 잠들어야 엄마가 장난감도 치우고, 설거지도 하고, 또 야간 근무 출근도 해야 하고…. 기계적으로 아이를 토닥이면서 머릿속은 온통 아이를 재우고 할 일을 나열 중이다.

"환이야, 이제 얼른 좀 자!"

참는다고 참았는데도 격앙된 목소리에 나조차 놀라 손을 멈췄다. 조급한 엄마 마음을 아는지 모르는지 잔뜩 찡그린 내 얼굴 앞에서 해맑게 웃는 아이를 보는 순간 정신이 번쩍 든다. 이내 미안함이 몰려온다.

출산 이후 많은 것이 바뀌었다. 그중에서도 가치관의 변화가 가장 컸다. '나'를 중심으로 돌아가던 삶이 '아이'를 중심으로 완전히 재편되었다. 그리고 놀랍게도, 그 변화가 기꺼웠다.

그럼에도 복직하고 더 당당한 마음으로 아동학대 업무를 하고 싶다는 생각은 움츠러들었다. "자기 아이를 생각하는 마음은 부모가 제일 클 텐데, 내가 뭐라고…" 초보 부모에게는 아이를 향한 사랑이 늘 최선의 형태로 표현되는 건 아니었다. 나 역시 아이를 누구보다 사랑하지만, 때로는 그 사랑이 조급함이나 짜증으로 바뀌어 버리는 순간이 있었다. 아이를 재우며 점점 거세졌던 손길이나 일그러진 표정처럼 말이다.

아동학대 업무에서 정말 어려웠던 것은 심각한 폭행이나 흉기 사건이 아니다. 그런 사건은 오히려 명확하다. 법에 따라 피의자를 처벌하고 피해자를 보호하면 된다. 정말 어려운 건 '경계선에 있는 사건'이었다. 훈육과 학대 사이, 그 모호한 경계에서 나는 자주 혼란스러웠다.

"엄마가 공부하라고 소리 질렀어요."

"학원 가기 싫은데 가라고 억지로 내보냈어요."

요즘 학교에서는 "체벌은 학대입니다", "정서적 학대도 아동학대입니다"라고 교육한다. 물론 옳은 말이다. 그래서 아이들은 배운 대로 신고하고, 부모들은 그 신고에 당황한다.

"요즘 세상이 너무 예민해졌어요. 우리 아이가 어떻게 이럴 수 있죠?"

처음엔 나도 의아했다. '이게 정말 학대일까?' 하지만 그 사소해 보이는 한 통의 신고가 실제 학대의 시작점이 된 경우도 있었다. 그래서 단 한 건의 신고도 가볍게 넘길 수 없다.

물론 제도를 악용하는 사례도 있다. 부모에게 화가 난 아이가 감정적으로 부모를 신고하거나, 이혼 소송 중 한쪽이 상대를 압박하기 위한 수단으로 112를 누르기도 한다. 그럴 때면 마음이 무겁다.

아동학대 제도는 여러 비극적인 사건을 계기로 강화되어 왔다. 지구대에서 신고를 받고 현장에서 마무리되면 끝나는 줄 아는 경우가 많지만, 실제 아동학대 사건은 그 이후부터가 시작이다.

다음 날 나는 모든 피해 아동 가정에 전화를 걸어 상황을 재확인하고, 필요한 지원을 파악한다. 사건은 관할 구청 아동보호팀에 통보되고, 이후 아동보호전문기관까지 참여하는 사례판단회의가 열린다. 사안에 따라 의사나 변호사, 필요 유관기관의 도움도 받는다.

그 회의에 한 번이라도 참여해본 사람은 모두 공감할 것이다. 각 기관의 전문가들이 모여 대책을 논의하는 과정은 경이롭다. 회의는 매번 정해진 시간을 훌쩍 넘어 긴 시간이 소요되지만, 아동을 진심으로 위하는 사람들이 모여 집단 지성을 발휘할 때 혼자서는 해결할 수 없던 부분이 풀려간다. 나는 회의마다 감탄하고 박수를 치고 싶을 때가 많다.

그러나 그 과정이 모든 가정에 '좋은 결과'로만 다가오는 것은 아니다. 특히 '경계선에 있는 사건'의 경우, 부모는 피로와 불신으로 고통받는다.

"제발 그만 좀 해주세요. 경찰들 때문에 우리 가정이 파탄 나고 있어요."

그 말 앞에서 나는 늘 혼란스러웠다. 그날의 신고도 그런 사건 중 하나였다. 발달장애 진단을 받은 초등학생이 있었다. 현관문을 열자 거실은 아수라장이었다. 책이 거실에 흩어져 있었고, 울음 섞인 고함이 이어졌다. 열두 살 남짓한 아이는 여전히 흥분한 상태였고, 어머니는 두 손으로 머리를 감싼 채 울고 있었다.

"오늘 또 욕을 했어요. '씨○○아, 죽여버린다'고 소리치고 물건을 던졌어요. 제 머리채를 잡았어요."

"경찰관님, 그러면 어떻게 해야 돼요? 때리면 안 된다고 하시잖아요. 근데 말로는 안 돼요. 저 아이는… 말로는 안 돼요."

나는 잠시 말을 잃었다. 법적으로, 또 원칙적으로 폭력은 정당화될 수 없다. 그래서 어렵게 입을 열었다.

"어머님, 그래도 때리면 안 됩니다."

"휴우…."

깊은 한숨이 돌아왔다. 그 어머니는 잠도 제대로 자지 못했고, 병원 예약은 몇 주씩 밀려 있었으며, 도움을 줄 친척도 없었다.

해당 가정을 학대우려아동(A등급)으로 지정하고 정기적인 모니터링을 시작했다. 전화를 끊어버릴 때도, 건성으로 '네-' 하고 받는 날도 있었지만 내버려둘 수는 없었다. 정보연계협의체(경찰·지자체·아동보호전문기관 등 관련 기관이 정기적으로 모여 학대 의심 아동과 그 가정에 대한 정보를 공유하고 지원 방안을 논의하는 협의체) 회의에 안건을 올렸고, 각 기관이 협력했다. 구청에서는 드림스타트(취약계층 아동을 대상으로, 복지·보건·교육 서비스를 통합적으로 지원) 사례 관리와 멘토링을, 주민센터에서는 생계·의료급여를, 복지관에서는 발달 상담과 부모 상담을 지원했다.

시간이 흘러, 다시 그 가정을 찾았다. 어머니는 웃는 얼굴로 우리를 맞았다.

"처음엔 신고한 거 후회도 됐어요. 그런데 덕분에 상담도 받게 됐고… 요즘은 많이 괜찮아졌어요."

그녀의 웃는 모습에 내 눈시울이 붉어졌다. 돌이켜보면 그녀가 원했던 건 '때려도 된다는 허락'이 아니었다. '이 상황을 어떻게 버틸 수 있을지'에 대한 방법이었다. 그날 나는 그 사실을 뼈저리게 깨달았다.

가정의 문제는 결국 그 가정이 가장 잘 알고 있다. 하지만 우리가 만나는 사람들은 삶의 무게에 지쳐 스스로 답을 찾을 힘조차 남아 있지 않을 때가 많다. 이전에 내린 수많은 결정이 오히려 가정을 더 힘들게 만들었던 경험 때문에, 이제는 어떤 선택도 두려워한다. 그래서 그들은 나에게, 그리고 전문기관 종사자에게 답을 구한다.

"어떻게 해야 하나요?"

처음에는 '이런 것까지 경찰의 역할인가?' 하는 생각이 들었던 것이 사실이다. 사건 처리만으로도 충분히 벅찬데, 장기적으로 가정을 살피고, 전화하고, 상담까지 이어지는 일이 경찰의 역할일까 의문이 들었다. 하지만 아이를 키우면서, 그리고 여러 가정을 지켜보면서 깨달았다. 사건 당일의 대응만으로는, 그 집안이 온전히 회복될 수 없다는 것을.

APO로서 내 역할은 단기적으로 사건을 '처리'하는 것이 아니다. 몇 달, 때로는 몇 년씩 한 가정을 지켜보며 그들이 스스로 다시 생각하고, 길을 찾도록 돕는 것이다.

가정 내 폭력을 가장 먼저 마주하는 경찰이 연결의 시작점이 되어, 제도 안에서 구청의 복지 서비스와 아동보호전문기관으로 이어지는 이 과정이 결국 '회복'으로 가는 길이라고 믿는다. 경찰로서의 책임과 의무를 가지고 함께할 것이다. 포기했던 자리에서 '생각하는 힘'이 다시 피어오를 때까지.

서울양천경찰서 경사.
2018년부터 3년간 관악경찰서 여성청소년계에서 성폭력·가정폭력·학교폭력 업무를 맡았고, 2022년에는 양천경찰서 여성청소년계에서 아동학대 업무를 담당했다.
경찰대학 치안대학원 범죄학과 석사 과정을 마쳤으며, 현장에서 마주한 피해자의 마음에 다가가기 위해 오늘도 따뜻한 시선으로 세상을 바라본다.

딜레마,
법과 현실 사이에서

배유빈

"경찰에 입직해서 겪게 될 가장 큰 어려움은 무엇이라고 생각하는지 서술하시오."

2024년 1차 순경 공채 시험 당시, 채용 절차 중 하나인 사전조사서에서 받았던 질문이다. 다른 수험생들은 종이를 받자마자 '조직문화 적응'과 같은 답을 서로 경쟁하듯이 적었지만, 나는 5분 정도 고민을 하다 조심스레 답변을 적어 내려갔다. 가정폭력이나 아동학대 사건에서 법의 테두리 밖에 있어 경찰관으로서 도움을 주지 못하는 경우가 가장 큰 어려움이 될 것이라고.

2022년 대학교 3학년 때 경산의 한 파출소에서 실습할 기회가 있었다. 그곳에서 나는 잊지 못할 장면을 목격했다. 어린 아들과 함께 방문한 어머니가 경찰관에게 대놓고 "짭새"라고 욕설을 하고, 소파에 드러누운 채 지나가는 경찰관에게 시비를 걸었다. 아주머니가 눈을 번뜩이며 "웰컴 투 뒤질랜드"라며 경찰관을 조롱하는 모습은 마치 드라마 속 한 장면 같았다. 그 와중에 다섯 살 정도 된 아들이 해맑게 웃으며 파출소 안을 돌아다니고 있었다.

그 순간 나는 선배 경찰관이 욕을 듣는 것보다, 아이가 저런 환경에서 어떻게 자라날지가 더 두려웠다. 아이 앞에서 반복되는 욕설과 조롱은 분명 정서적 학대였다. 보호자이자 가정의 울타리인 엄마가 정서적 상처를 남기는 가해자이기도 했다.

어린아이일수록 부모와 분리되면 애착 형성이 어려워진다. 그러나 욕설과 폭력이 난무하는 집에서 아이를 자라게 하는 것이 맞는 걸까? 반대로 폭력으로 인해 어쩔 수 없이 분리해야 할 때는 부모와 아이를 떼어놓는 것이 정말로 아이에게 좋기만 한 것일까? 분리 조치로 인해 아이가 부모와 애착 관계를 형성하지 못해 성장 과정에서 겪게 될 미래의 어려움을 경찰관이 될 내가 도와줄 수 있을까? 나는 이런 질문을 스스로에게 던졌고 생각은 꼬리에 꼬리를 물고 이어졌다.

부모의 폭언을 들으며 자라는 아이, 경찰관을 '짭새'라고 따라 부르며 해맑게 웃던 아이, 그 아이는 세상을 어떤 시선으로 바라보며 성장하게 될까? 나는 쉽게 답할 수 없다.

나중에 그 어머니는 남편으로부터 상습적인 가정폭력을 당하고 있었다는 사실을 알게 되었다. 피해자인 동시에 가해자인 어머니, 그리고 그 옆에서 자라나는 아이, 이들을 어떻게 도와야 하는가. 경찰이 될 나의 가장 큰 고민은 이것이었다.

이후 면접을 준비하면서 학과 교수님과 상담도 하고, 임시숙소와 같은 제도를 공부하며 또 다른 의문이 생겼다. 가정폭력 사건에서 온전히 쉴 수 있어야 할 집을 왜 피해자가 떠나야 하는가. 정작 가해자는 집에 그대로 남아 두 발 뻗고 자는 것이 과연 옳은가.

단체 면접에서 관계성 범죄 관련 질문이 나오자, 수험생들은 자신이 주의 깊게 보고 있는 범죄에 대해 이야기했다. 나는 가정폭력에 대해 답하며 마무리 발언으로 이렇게 답변했다.

"가정폭력 사건에서 피해자는 불안에 떨며 집을 나와야 하는데 가해자는 두 발 뻗고 편안히 잠들면 안 된다고 생각합니다. 휴식 공간이어야 할 집을 떠나는 쪽이 왜 피해자여야 하는지 의문이며 이것이 바뀌어야 할 점이라고 생각합니다."

꽤 단호하고도 강렬하게 답했다. 내 답변을 들은 한 여성 면접관은 잠시 놀란 듯 나를 지긋이 바라보았다.

그렇게 모든 채용 절차를 마치고 정식 근무를 시작한 지 7개월이 지난 지금, 그때 내가 가졌던 의문은 고스란히 현실이 되어 눈앞에 나타났다. 2025년 7월경, 가정폭력 신고를 받고 현장에 출동했다. 피해자인 아내에게 다른 거처가 없느냐고 묻자, 그녀는 "죽어도 집을 안 나가겠다"라며 강하게 말했다. "내가 피해자인데 왜 내가 나가야 하느냐, 남편을 내쫓아 달라"며 분통을 터뜨리는 피해자를 보며 나는 할 말을 잃었다. 경찰관에게 흥분해서 따지듯 이야기하는 피해자에게 우리는 "매뉴얼상 분리조치를 하게 되어 있어서 그렇습니다"라는 말로 양해를 구할 수밖에 없었다. 결국 그날은 딸이 와서 어머니를 모시고 가는 것으로 분리조치는 일단락되었다.

피해자의 외침에 귀 기울여 가해자를 집 밖으로 분리조치하는 건 어떨까. 문제는, 가해자가 언제든 다시 찾아올 수 있다는 것이다.

야간 근무를 하던 새벽 12시경이었다. 요란하게 울리는 코드1 사이렌 소리, 가정폭력 신고였다. 3분 만에 현장에 도착해 상호 분리하에 진술을 청취해보니, 두 사람은 사실혼 관계였다. 보통 가정폭력이라고 하면 부부가 혼인신고를 하고 결혼한 상태인 법률혼을 떠올리기 쉬운데, 동거하는 사실혼도 「가정폭력처벌법」의 적용 대상인 "가정 구성원"에 해당한다. 피해자인 여성의 집에 동거남인 가해자가 거주하고 있었기에 분리조치를 위해서는 가해자를 집 밖으로 나가도록 해야 했다. 피해자는 가해자가 다시 찾아오지 않을까 굉장히 불안해하는 모습을 보였고, 나는 피해자에게 현관 도어락 및 공동현관 비밀번호를 교체하고 추후 현관 CCTV 설치를 권유했다. 집 밖을 나와서도 가해자가 다시 찾아오지 않는지 30분 넘게 순찰차에서 대기했다.

만약 다른 신고가 들어와 현장을 벗어날 수밖에 없고, 그 사이 집 주소를 알고 있는 가해자가 다시 찾아와 범죄를 저지른다면? 결국 이와 같은 이유로 피해자가 다른 거처로 이동하는 방식으로 안전을 확보할 수밖에 없다는 걸 알게 되었다.

머릿속으로는 여전히 "왜 피해자가 집을 떠나야 하는가?"를 생각하면서도, 정작 내 입에서는 "혹시 다른 친척 집에 머무를 데가 있으신가요?"라며 마음과는 전혀 다른 말이 나왔다. 이상과 현실 사이의 간극 앞에서, 경찰관으로서 내 마음은 매번 복잡하게 흔들릴 수밖에 없어 괴로웠다. 이것이 바로 현장 경찰관이 느끼는 현실적인 딜레마가 아닐까.

관계성 범죄는 특히 어렵다. 생판 모르는 타인 사이에서 일어나는 범죄와 달리, 가족·연인 사이에서 발생하기에 서로를 너무 잘 알고 있고, 잃을 것이 많아 쉽사리 단절되지 않는다.

가정폭력을 일삼는 남편을 신고해 처벌 의사를 명확히 밝혀 벌금이 수차례 나왔음에도 이혼이 쉽지 않다며 피해자인 아내와 친정어머니가 벌금을 납부했다는 말을 들은 적이 있다. 그때 깨달았다. 내가 생각했던 것보다 관계성 범죄는 훨씬 더 다루기 어렵고 복잡한 범죄라는 걸.

최근 10대 아들이 어머니를 때리려 한다는 신고를 받았다. 피해자인 어머니는 "경찰이 도와줄 수 있는 게 없다"라며 인적 사항 제공조차 거부했다. 협조하지 않는 피해자를 보며 나는 다시 무력감을 느꼈다. 경찰이 할 수 있는 일은 어디까지일까? 피해자를 보호하고 싶지만, 법의 테두리 안에서 선택지는 제한적이다. 피해자가 원치 않으면 분리조치를 강제로 하기가 곤란하고, 임시숙소나 보호시설 입소 역시 하루이틀에 불과하다. 그러나 그대로 두면 또다시 폭력에 노출될 수 있다. 어느 쪽을 선택해도 완전한 답이 없는 상황에서 나는 현장에서 최선의 답을 찾으려 노력한다.

　나는 7개월 차 신임 경찰관이다. 비록 짧은 기간이지만 많은 것을 보고 몸소 느꼈다. 사건 처리 과정에서 법과 제도의 한계를 절감했고, 특히 관계성 범죄처럼 피해자와 가해자가 얽힌 복잡한 관계망 속에서 내가 할 수 있는 일이 너무 적음을 깨달았다.
　가끔은 "내가 피해자에게 도움이 되고 있는가? 아니면 잠시 머물다 다시 폭력으로 돌아가게 하는 무력한 존재인가?" 이런 생각이 들 때가 있다. 그럼에도 불구하고 대부분의 여성청소년 범죄는 현장에서 발생해 신고가 들어오면 출동해야 하고, 나는 그들이 제일 먼저 만나는 경찰관이기에 그 순간만큼은 피해자가 의지할 수 있는 단 하나의 존재가 되어야만 한다.
　이처럼 지구대와 파출소에서 근무하는 출동 경찰관은 현장에서 초동 조치를 담당한다. 여성청소년 범죄를 다루는 수사관, 학대예방 경찰관은 수사와 재발 방지 모니터링과 같은 업무를 담당하며 법의 테두리 너머에 있는 어려움을 해결하고자 불철주야 힘쓰고 있다.
　가정폭력과 아동학대, 그리고 관계성 범죄. 이 문제들은 단기간에 해결될 수 없고, 경찰만의 노력으로 완결되기란 쉽지 않다. 일부 지역에서는 경찰과 유관기관이 합심하여 무료 법률 상담이나 심리 상담을 지원하고, 맞춤형 복지 서비스를 연계하고 있다. 이런 협업이 전국으로 확대된다면, 어쩌면 내가 생각한 그 어려움도 마침내 극복해 낼 수 있지 않을까 하는 기대를 해본다.

입직 전에 썼던 '법의 테두리 너머에 있는 어려움'을 현실에서 자주 마주한다. 내가 당장 개입할 수 없는 현실 앞에서 때로는 막막함을 느낄지라도 피해자 곁에서 흔들리지 않고 서 있는 것, 그것이 내가 지금까지 직면한 가장 큰 어려움이자 끝까지 지켜야 할 약속이다.

대구남부경찰서 순경.
경찰행정학을 전공하고, 현재 지구대에서 초동 조치와 순찰 업무를 담당하고 있다.
다양한 현장에서 느끼고 고민한 경험을 바탕으로, 아픔 앞에서는 누구보다 따뜻하게, 불의 앞에서는 누구보다 단호히 맞서는 '부드러운 카리스마'를 가진 경찰관으로 살아가고 싶다.

총칼이 아니라
말과 글로 하는 일

성주영

"엄마는 꿈이 뭐야?"
"엄마 꿈? 엄마 꿈은… 좋은 경찰이지."
"그럼 엄마는 꿈을 이루었네."
"아니, 지금도 노력 중인데."
"엄마는 경찰이잖아?"
"응, 현민이가 그냥 축구선수가 아니라 국가대표급 축구선수가 되고 싶은 것처럼 엄마도 그냥 경찰이 아니라 좋은 경찰이 되고 싶어. 그래서 엄마는 지금도 노력 중이야…"

내 꿈은 어릴 때부터 '좋은 경찰'이 되는 거였다. 그런데 첫 관문부터 쉽지 않았다. 어찌어찌 필기에 붙으면 체력에 떨어지고, 엉덩이

꼬리뼈에 피가 나도록 연습해 체력에 붙으면 또 면접에서 떨어졌다. 시험에 떨어지는 횟수만큼이나 자신감도 추락했고, 그만 포기하라는 현실적 충고도 여기저기서 들렸다.

처음 점집을 찾은 것은 경찰 공부를 시작한 지 3년 차 되던 해였다. 그땐 현실적 충고보다 미신이라도 좋으니 한 톨 희망이라도 가질 수 있게 '경찰이 될 수 있다'는 말이 너무나도 듣고 싶었다.

"당신은 정직한 사람이야. 당신은 총칼을 지니는 직업이 좋아." 용하다 소문난 역술인을 찾아 들은 두리뭉실 첫마디였다. '총? 칼? 총, 칼이면 경찰이 맞잖아!' 꿈보다 해몽이라더니, 내 멋대로 해석하고는 경찰이라는 꿈에 더욱 매달렸다. 그 후 운명인지 우연인지 몰라도 시험에 합격했고 진짜 경찰이 되었다.

하지만 단 한 번도 칼이나 총을 직업상 도구로 사용해본 적이 없다. 칼은 지급되지도 않는다. 총은 대여품으로 지급되나 사용이 호락호락하지 않다. 총기 사용에 대한 보고서와 책임 문제는 차치하고라도, 오른쪽 옆구리에 달린 3.8 권총 위로 손이 절로 닿는 순간에도 절차에 따라 지켜야 할 법과 매뉴얼을 따르다 보면 총을 빼지 않게 된다. 게다가 가만 생각해보면 칼을 사용하는 직업은 요리사나 의사이고 또 총이라면 경찰보다 군인이 더 가깝지 않을까? 총, 칼을 도구로 사용하는 직업이 경찰이 아님을 깨닫는 데만 20년이나 걸렸다.

경찰의 도구는 범죄를 싹둑 잘라 없애는 '총칼'이 아니었다. 경찰의 일에는 말과 글, 즉 '함께'하는 소통이 필요했다.

실체적 진실을 추구하는 형사법 체계에서 물어 답하는 과정은 글인 조서로 작성되고 사실을 밝혀내는 도구가 된다. 이때의 문답은 법이 필요로 하는 구성요건적 사실에만 관심을 갖는다. 그로 인해 들어야 할 본질이 외면되기도 하고, 설령 말하고 들었어도 법의 요구를 벗어난 말은 기록되지도 기억되지도 못한다. 하지만 법 밖으로 밀려 삐죽거리는 말을 끄집어내 보면 그만큼 진실한 것이 없다. 그래서 그 진실을 보고, 듣고, 말하는 눈과 귀와 입이, 나아가 몸짓 언어까지 들으려는 열린 가슴과 날쌘 눈치가 필요하다.

경찰 언어 1: 욕설

경찰이 되어 들은 첫 소리는 '욕설'이었다. 개인별 할당된 범칙금 스티커를 끊어야 하는 시절이자 주취자를 선생님이라고 불러야 하는 과도기(?)에 경찰 생활을 시작했다. 그리하여 선생님이라 부르고 '짭새'라는 호칭을 들었다.

현장에는 온갖 욕설이 난무했다. 덜덜거리는 가슴을 누르고 짝다리를 짚고 서지 않으면 주저앉을 것만 같았다. 하지만 모든 언어는 익숙해지기 마련이다. 욕이라고 다르지 않다. 하루를 듣고 일주일을 듣고 그렇게 매일 들으면 귀는 물론 몸속 세포까지 익숙해진다. 나는 더 이상 떨지 않는다. "모가지를 따겠다"고 해도 위협적이지 않다. 탄탄한 현장 근육이 생긴 것이다. 하지만 여전히 현장은 무섭다. 욕설이 위협적이지 않다는 건 그들이 토해내는 욕설이 아프게 살아온 삶의 고함임을 알기 때문이다. 욕이 언제부턴가 짠하게 들리기 시작했다.

 욕설은 교양 없는 사람들이나 쓰는 언어가 아니라, 삶의 '거친 속사정'을 품은 채 살아가는 사람들이 본능적으로 내뱉는 언어였다. 나는 욕이라도 해야 살 수 있는 사연을 안고 살아가는 사람들의 삶을 이해하고 배우는 중이다.

경찰 언어 2: 몸짓(자살)

 두 번째 소리는 '몸짓'이다. 무언(無言)이지만 가장 요란하다. 자살. 자살은 온몸으로 외치는 아우성이다. 그 소리에 안타까움과 아픔이 먼저 찾아오지만 그 감정 끝엔 습관적으로 이렇게 중얼거린다.

 "이해가 안 돼."

 이 말 속엔 '사실과 진실'이 함께한다. 공유되지 못한 경험이기에 이해할 수 없다는 '사실'과 무책임한 선택 내지 죽을 용기로 살지, 하는 나약한 마음으로 치부해버리는 비꼼과 비난의 '진실'이 숨어 있다.

 주검으로 발견된 실종자를 대면하는 순간 재빠르게 발견하지 못한 미안함과 무력함으로 가슴이 아리다. 그런 감정도 잠시뿐 업무 담당자라는 건조한 위치로 이내 돌아온다. 가슴 아픈 일이지만, 과도한 감정은 일을 그르칠 수도 있기에 오히려 감정을 섞지 않으려 애를 쓴다. 이 또한 여기까지만 사실이다. 진실은 그 아픔이 내 경험이나 처지가 아니어서 온전히 나의 아픔일 수 없다는 것이다. 얄팍한 공감으로 적당히 타자화된 아픔인 것이다.

 결국 "이해할 수 없다"라는 말은 타인의 삶에 무지했음에도, 통념

상 이해받지 못한 선택을 했다는 이유로 6할의 비난을 숨긴 채 내뱉은 폭력이었다. 이후 '이해 안 돼'는 현장에서 나의 금기어가 되었다.

경찰 언어 3: 침묵

마지막 소리는, 소리조차 숨죽인 '침묵'이었다. 고통이 너무 크면 모든 것이 안으로 숨어들어 소리마저 삼키고 고요해진다. 그럴 때면 진통제를 찾아 삼키고 통증을 재운다. 통증은 거짓말처럼 사라지고 몸은 진통제에 길들여진다. 이것은 몸이 내는 소리를 진통제로 입막음할 뿐 진정한 치료법은 아니다.

몸의 통증을 넘어 사회적 통증도 매한가지다. 한자리에 모인 사람들 중 20퍼센트는 성폭력 경험자라는 말이 있다. 성폭력뿐만 아니라, 경찰 신고율이 1.7퍼센트라는 가정폭력을 시작으로 학교폭력, 아동·노인학대 등 사회적 약자를 대상으로 한 폭력이 곳곳에서 소리 없이 벌어지고 있다.

오락실 한편에는 24시간 매 맞는 두더지 게임기가 놓여 있다. 돈을 지불한 강자(게임자)는 두더지를 망치로 마구 때려 누른다. 두더지가 대가리를 들어 올리면 또다시 때려 누른다. 두더지를 향한 폭력은 타임 오버가 되어야 끝이 난다.

폭력에 노출된 피해자 역시 꺼내기 힘든 소리를 용기 내어 밖으로 내본다. 하지만 사회는 편견을 장전한 눈총으로 자신을 지킬 힘도, 대항할 무기도 없는 이들에게 두더지 때려눕히듯 '고의 없는' 매질을 세차게 해댄다. 편견과 무관심에 방치되면 피해자는 마음과 입을 닫은 채 숨죽인 침묵만으로 자신을 간수하게 된다. 이는 피해자의 아픈 소리가 입 밖으로 나오지 못하도록 진정(鎭靜)시켜 순식간에 해결한 것일 뿐, 아무도 진정(眞情)으로는 생각해주지 못한 것이다.

욕설과 몸짓 그리고 침묵, 이러한 소리를 외면하는 것은 우리가 서로 연결되어 있음을 잠시 잊은 탓이다. 나도 아플 수 있다는 걸 잠시 망각한 탓이다.

작금의 시대를 개인주의를 넘어 접촉조차 꺼리는 '언택트(Untact) 시대'라고 표현한다. 하지만 우리의 행·불행은 자본주의 밥그릇처럼 사유화될 수 있는 게 아니다. 그 누구도 오롯이 혼자만의 안식, 혼자만의 공간, 혼자만의 삶을 살 수는 없다. 우리는 그저 잠시 잊었을 뿐 모르지 않는다. '네가 아프면 나도 아프다'는 것을, '겹겹이 쌓인 망각 아래 사랑이 묻혀 있다'는 것을. 그래서 우린 함께해야 한다.

아픔을 함께하는 숱한 사람들 사이에 대한민국 경찰이 존재한다. 경찰 신고 112는 시민들이 자신의 아픔을 알리고 도움을 청할 마지막 보루로 삼은 결집의 소리다. 경찰 조서는 그 소리들의 기록이다. "더 할 말이 있나요?" "아니요, 없습니다." 이와 같은 기계적이고 습관적인 대화에서 나오는 기성품 문답으로는 결코 듣지 못한다. 사람의 따스함이 전해지는 가까운 자리라야 들을 수 있다.

경찰이 서 있어야 할 국민의 옆자리는 '안전과 질서'를 핑계로 선뜻 내어 받는 공터가 아니었다. 가을 추수를 위해 인내와 성장의 계절이 먼저 있었듯, 단단한 전문성과 공감의 진정성을 갖춘 후에야 얻을 수 있는 적실한 획득임을, 20년의 시간과 빈약한 결과를 손에 쥐고서야 알았다.

결실의 계절 가을 한복판에 경찰의 날(10월 21일)이 있다. 일 년에 한 번쯤은 경찰관인 나의 쓸모를 생각하게 된다. 현장에 '발'을 둔 정직한 최선이었는지, '가슴'에 물어 부끄러움은 없었는지, '이성(머리)'적 판단에 넘치거나 부족함은 없었는지, 발에서 가슴, 머리에 이르기까지 거꾸로 뒤집어 나를 되돌아본다. 반성의 기초 위에 내일도 경찰로 살아갈 나의 역할이 무엇인지 그 상한(上限)을 고민한다.

말의 이치가 부족하면 말의 박자만 가지고도 뜻을 전하고, 이치도 박자도 부족하면 부족함을 드러내어 사람의 마음을 움직인다고 한다. 하지만 부족함마저 부족해 마음을 움직이지 못한다 해도, 나의 아픈 이야기를 들어주기 위해 누군가 따사로이 '챙겨 온 한마디'를 나 또한 누군가에게 건네는 것이 오늘의 작은 소임임을 안다. 그래서 나는 현장에서 조용히 용기 내어 물어본다.

"당신, 괜찮은가요?"

세종경찰청 생활안전교통과 경정.
'좋은 엄마' & '좋은 경찰' 두 마리 토끼를 잡고 싶어서 교집합을 찾았다. 2011년 여성청소년 업무를 선택했고 지금껏 이곳에서 일하고 있다. 2012년 전국 최초로 '117로고송'을 만들고, 전국 최초로 '학급전담경찰관'을 운영했다. '4대 사회惡 근절' 이라는 말 대신 '4대 사회善 실천'을 부르짖었다. 착한 가정, 착한 (성)문화, 착한 학교, 착한 사회를 만들고 싶어서였다.
아직도 좋은 엄마, 좋은 경찰이 되진 못했지만, 꿈을 향해 오늘도 또 한발 내딛는다.

스토킹 피해자의
보이지 않는 불안

나기윤

    2015년 12월, 매서운 겨울바람이 온몸을 파고드는 날이었다. 인천의 한 골목에서 앙상하게 마른 여자아이가 반바지 차림으로 가스 배관을 타고 내려와 근처 슈퍼로 뛰어 들어갔다. 아이는 슈퍼에 들어서자마자 정신없이 먹을 것을 바구니에 담더니 슈퍼 바닥에 쪼그리고 앉아 허겁지겁 먹었다. 이 모습이 뉴스에 방영되었다. 아이는 친아버지와 동거녀에게 2년 넘게 끔찍한 아동학대를 당해온 것이 밝혀졌고, 사회 전체에 큰 울림과 분노를 일으켰다.

    조직 내에서도 '우리가 조금만 더 빨리, 조금만 더 가까이에 있었다면'이라는 자책이 모이게 되었고, 그다음 해 2016년 학대전담경찰관(APO)을 발대하는 결정적인 계기가 되었다. 나는 그 당시 학대전담경찰관으로 발령받아 발대식에 참석하여 그 영상을 전국에 모인

APO와 함께 시청하며 '다시는 이런 일이 일어나지 않게 하자'라는 막연하고 무거운 다짐을 했다. 그때의 다짐은 지금까지도 이 일을 하는 데 뿌리가 되어주고 있다.

나는 처음에 이 일은 '특별한 업무'라고 여겼다. 하지만 시간이 지나면서 깨달았다. 이 일은 누군가의 절박한 하루와 마주하는 일이라는 것을 말이다. 매일 아침 출근하면 전날 신고된 피해자들에게 전화를 걸었다. "그 사람이 또 때렸어요, 아이 앞에서는 안 그러겠다고 했는데 또… 그래도 술 안 먹으면 괜찮은 사람이에요." 그들이 하는 말 사이에 섞여 있던 미세한 한숨 소리를 들으며 나는 그들을 두려움 속에서 꺼내기 위해 때로는 함께 울고, 설득하기도 했다. 그들이 다시 웃을 수 있는 날이 오기를 기다렸지만, 현실은 늘 제자리였다.

피해자는 신고를 취소하고 가해자는 다시 집으로 돌아갔다. "그래도 사랑하는 사람이니까요. 용서해주기로 했어요." 그 한마디에 모든 노력이 무너졌고 때로는 경찰관으로서 무기력감에 빠져들 때마저 있었다. 피해자가 "덕분에 이제 괜찮아요. 이젠 무섭지 않아요"라고 말할 때는 출근길이 조금 덜 힘들기도 했다. 그렇게 피해자의 절박한 하루에 조금이라도 도움을 주리라 생각하며 매일 수화기를 들었다.

시간이 흘러 한 아이의 엄마가 되었고, 아이를 키우며 피해 여성들의 마음을 조금은 알게 되었다. 가정폭력을 당하면서도 아이 때문에 참고, 아이 아빠라는 이유로 멍든 손으로 처벌하지 않겠다는 처벌불원서를 제출하는 여성들의 잔혹한 현실을 말이다.

2023년 명칭도 생소한 '스토킹전담'이라는 업무를 맡게 되었다. 스토킹·교제폭력 피해자를 사후 지원하고 관리하여 재발되지 않도록 예방하는 역할이었다. 명칭은 새로웠지만 예전에 맡았던 APO 업무와 성격이 매우 비슷했고, 현실은 낯설지 않았다. 피해자는 여전히 두려움에 떨며 용기를 내지 못했고, 가해자는 여전히 그 틈을 파고들었다.

기존에 맡았던 가정폭력 피해자와 조금 다른 점이 있다면, 스토킹 피해자의 불안은 눈에 보이지 않는다는 것이었다. "갑자기 밤에 전화가 오면 그 사람일까 싶어 두려워요." "누가 따라오는 것 같아요. 불안해서 잠을 잘 못 자요." 스토킹 피해자들은 보이지 않는 두려움에 일상이 흔들리고 있었다. 「스토킹처벌법」이 제정되고 피해자 보호를 위한 제도가 많이 강화되었지만, 보이지 않는 두려움을 없애기는 역부족인 현실이다. 이전에 학대전담경찰관을 하면서 만났던 피해자들처럼 사귀던 남자친구를 스토킹으로 신고하기까지 수없이 주저하고, 자신을 탓하고 주변의 시선에 흔들린다는 것을 알 수 있었다. 그렇게 피해자의 두려움을 마주하며 그들에게 조금이라도 안도감과 신뢰를 줄 수 있기를 바라며 안부를 묻고 사건 접수를 독려하곤 했다. 하지만 모든 사건이 마음처럼 풀리는 것은 아니었다.

교제폭력(현행 처벌법이 부재하여 폭행죄로 사건 처리를 하며, 폭행죄는 반의사불벌죄로 피해자가 처벌을 원하지 않으면 수사 없이 종결) 신고로 여러 차례 통화했던 피해 여성이 어느 날 나에게 먼저 전화를 걸어왔다. 여성은 교제하는 남성에게 상습적으로 폭행을 당했으나 늘 신고 후 "이제 괜찮아졌어요. 처벌은 원하지 않아요"라고 말했었다. 그 말이 반복될 때마다 나는 마음이 무거웠다. 법의 보호를 받지 못한 채 다시 그 사람 곁으로 돌아가는 여성이 눈에 밟혔다. 하지만 피해자가 스스로 선택하지 않는 이상, 나는 그저 매달 여성의 안부를 묻기 위해 전화를 걸고, 상담소 직원과 함께 그녀를 만나서 상담하며 여성의 선택을 기다려야 했다.

그날은 여성의 목소리가 평소와 달랐다. "이제는 정말 그 사람의 굴레에서 벗어나고 싶어요. 헤어지려고 마음먹었어요. 남자한테 헤어지자고 이별 통보도 했고 다시 찾아오면 경찰관님이 말씀해주신 대로 스토킹으로 신고할 거예요." 늘 자신 없고 기운 빠진 목소리였는데 확신에 찬 목소리였다. 여성의 결심이 흔들리지 않기를 바라며, 그 용기가 너무 고마워서 한동안 수화기를 쥔 채 가만히 있었다. 여성의 이런 의지를 여청수사팀 및 관할 지역경찰에 전파를 해두었다. 그러고는 며칠간 조용했다.

그러나 평온함은 오래가지 못했다. 남성이 그녀가 운영하는 식당에 찾아와 자신이 선물한 물건을 내놓으라며 행패를 부린다는 신고가 들어왔다. 현장 경찰관이 즉시 출동하여 그 남성을 체포하였고 「스토킹처벌법」으로 사건을 접수하고 현장에서 긴급응급조치(스토킹 신고와 관련하여 지속·반복 우려가 있고 긴급을 요할 경우 경찰이 하는 접근 금지

2장 친밀한 폭력이라는 복잡한 범죄 현장

조치)를 결정했다.

사건 접수 후 사건 담당 수사관이 여성에게 출석 요구를 하였는데 출석도 진술도 거부하고 있다는 연락을 받았다. 피해 진술이 없기 때문에 잠정조치(스토킹 행위자에 대해 서면 경고, 100미터 이내 접근금지, 전기통신 이용 접근금지, 위치추적 전자장치 부착, 유치장 또는 구치소 유치 등) 신청을 하더라도 법원에서 신청을 받아들이지 않을 것이라는 절망적인 말도 함께 전해왔다.

나는 떨리는 마음으로 다시 그 여성과 통화했다. 여성의 목소리는 예전처럼 힘없고 무기력했다.

"그 사람이 미안하다고 말했어요. 그냥 없었던 일로 해주세요."

그 순간 '쿵' 하고 가슴이 무너지는 소리가 들렸다. 무너지는 마음을 부여잡고 그녀에게 차분히 말했다.

"스토킹으로 사건 접수를 이미 했고 스토킹 사건은 선생님이 원하지 않는다고 사건을 취소할 수는 없어요. 피해 진술을 하셔야 법원으로부터 접근금지 결정을 받고 보호받을 수 있어요."

격양된 내 목소리에 여성은 아무런 대답이 없다가 한숨을 쉬며 말했다.

"제가 괜찮다는데 왜 사건을 취소 못 한다는 거예요? 그냥 없었던 걸로 해주세요."

이렇게 말하고는 전화를 끊어버렸다. 이후 여러 번 여성을 설득하기 위해 전화를 걸었지만 받지 않았다. 결국 여성이 운영하는 가게에 찾아갔다. 갑작스레 찾아와서 놀란 눈치였지만 많은 통화를 했던 터라 가게 안에 딸린 작은 방으로 나를 안내했다. 그러곤 차분하게 말했다.

"경찰관님, 저는 이 동네에서 장사한 지 오래됐어요. 단골들이 우리 식당에 와줘서 내가 겨우 먹고사는데 이 동네를 떠날 수 없어요. 신고한 이후에 그 남자가 또 가게에 찾아올까 봐 너무 무섭고 남자가 그냥 좋게 합의하면 다시는 안 오겠다고 했어요. 그래서 그냥 한번 더 믿어보려고요. 내가 매일 장사를 안 하면 먹고살기도 힘든데 피해자 보호시설에 들어가면 장사도 못 하잖아요. 거기 간다고 해도 내가 언제까지 그 사람한테서 도망 다니고 숨어 살 수도 없잖아요. 그냥 없었던 일로 해주세요."

그렇게 말하는 피해 여성 앞에서 내가 무슨 말로 더 여성을 설득할 수 있을까. 여성과 긴 대화를 나누고 퇴근하는 길에 많은 생각이 들었다. 스토킹 피해자들이 이런 불안감을 가지고 가해자를 피해 이사 가거나 잠정조치 결정을 했음에도 불구하고 결국 그 기간은 종료(잠정조치 효력은 3개월이며, 피해자나 수사관이 필요 시 2회 연장 가능)가 되고 다시 직장이나 주거지에 찾아올까 봐 두려움에 떨어야 하는 현실이 너무 가혹했다.

여성의 마음은 한 달 후에도 변화가 없었다. 긴급응급조치 기간도 끝났다. 서로 합의를 보았다며 피해 진술을 하지 않았다. 담당 수사관은 이전 교제폭력 신고 이력 및 다른 증거를 법원에 제출했지만 접근금지 신청은 기각되었다.

지금도 그 여성과 주기적으로 통화하며 별일 없는지 안부를 묻고 있다. 최근 통화에서 여성은 식당 운영을 하며 바쁘게 지내고 있다며 감사함과 미안함이 묻어나는 문자메시지를 보내왔다.

'경찰관님이 이렇게 신경 써주시니 마음 편해요. 마음 많이 써주셨는데 죄송해요. 이렇게 나를 걱정해주는 사람이 있다는 것도 감사하고 이렇게 보호받을 수 있는 거 알았다면 진작에 용기 냈을 거예요. 잘 지내니 걱정 마세요.'

수많은 피해자와 통화하고 만났지만 결국 사람을 움직이는 건 법이 아니라 마음이라는 걸 알고 있다. 마음이 두려움에 갇힐 때 법은 그 뒤를 천천히 따라간다. 그 간극 속에서 우리는 때로는 피해자를 잃고, 때로는 희망을 놓친다. 그럼에도 나는 매일 피해자의 안부를 묻고 아주 작은 희망이라도 붙들어 그들이 처음 신고한 용기가 꺾이지 않도록 손을 내밀어본다. 때로는 법이 따라오지 못하더라도, 내가 먼저 다가가야 한다는 마음으로, 그 마음으로 하루에도 수십 통의 전화를 걸고 피해자를 만난다. 내가 오늘 누군가에게 하는 질문이 희망이길 바라며 오늘도 두려움에 갇혀 나오지 못하는 그들에게 전화를 건다.

서귀포경찰서 경위.
2016년 경남청 여성보호계 학대전담경찰관(APO)으로 2년간 가정폭력 업무를 맡았고, 진해경찰서 여성청소년과 아동학대 담당자로 2년간 근무했다.
경찰관 생활 중 반 이상을 학대전담경찰관으로서 피해자 보호와 지원에 힘썼고 현재는 스토킹 전담경찰관으로 근무하며 스토킹·교제폭력 피해자에게 도움을 주고 있다.

대응도 설명도
힘든 현장

양창모

코드 1. 사건 접수를 알리는 경보음이 지구대 안에 울려 퍼졌다. "옆집에서 남녀가 크게 싸우는데 그릇이 깨지는 소리가 났다"라는 내용이었다.

사건 현장은 용산역 인근에 있는 고층 오피스텔이었다. 신고자가 알려준 곳을 찾아가 초인종을 누르고, "싸우는 소리가 심해서 출동했다"라는 점을 알리면서 "문을 열어달라"고 요청했다. 의외로 집안은 소란스럽지 않았고, 현관문도 금방 열어줬다. 문을 열어준 사람은 여성이었는데, 다행히도 옷매무새나 얼굴 등 겉모습으로 봐서는 큰 문제는 없어 보였다.

현장은 원룸이어서 문을 열고 들어가니 집 안이 한눈에 다 보였다. 남자는 안쪽 구석에 놓인 침대에 모로 누워 있다가, 나와 선배 경찰관을 보고는 어처구니없다는 반응을 보였다. 여자는 얼굴에 화장기가 그대로 남아 있고 블라우스에 정장 바지 차림을 하고 있었다. 밤 9시가 넘은 시간이었는데 퇴근하고 집에 온 지 얼마 안 된 것으로 보였다.

집은 잘 정돈되지 않은 모습이었다. 부엌 개수대에는 설거짓거리가 잔뜩 쌓여 있었고, 식탁 위에는 남은 음식이 담긴 접시와 밀폐 용기, 컵과 간편식, 건강 보조제 등이 놓여 있었다. 침대 밑으로는 옷가지, 여행 가방, 물건이 가득 담긴 쇼핑백, 운동기구 등 온갖 물건이 어지럽게 늘어져 있는데, 그 어지러운 행렬이 현관에 서 있는 우리 바로 앞까지 이어져 있었다. 그릇 같은 것이 깨지는 소리가 났다고 해서 자세히 살펴봤는데, 깨진 물건은 없었고 남자와 여자 모두에게 베인 상처나 혈흔이 보이지 않았다.

어떻게 된 일인지 알아야 했으니, 나는 침대에 있는 남자 쪽으로 다가갔고 선배 경찰관은 여성을 데리고 화장실로 들어가 자초지종을 물었다. 원룸이어서 두 사람을 분리할 만한 공간이 화장실밖에 없었다. 남자는 비협조적이었다. "경찰과 할 말 없다"라고 하면서 "난 잘못한 것 없고, 이 상황 자체가 너무 기분 나쁘니 짐 챙겨서 나가겠다"라고 통보하듯이 말했다. 아직 사건 경위를 파악하지 못한 상태여서, 남자를 달래는 동시에 "별것 아닌 상황이라도 내용을 파악하기 전에 일방적으로 자리를 이탈하시면 체포될 수도 있다"라고 경고하면서 붙잡아 뒀다.

이날은 운이 좋았다. 경고를 들은 남자가 얌전히 내 말을 따랐고,

화장실에 들어갔던 여자와 선배 경찰관도 금방 나왔다. 늦게까지 일하고 들어온 여자가 부엌에 불을 켜고 즉석식품을 전자레인지에 데우자 자고 있던 남자가 "자는데 왜 불 켜고 시끄럽게 하냐"며 폭언을 해서 서로 언성을 높이게 된 상황이었다. 여자는 폭행과 같은 위험한 일은 없었다고 하면서, "늦게 퇴근해서 이제 저녁 먹는데 잠 깨웠다고 화내는 남자랑 더는 같이 못 살겠다"며 남자만 퇴거시켜 달라고 요청했다.

남자는 침대에 앉은 채로 그 얘기를 듣더니, 바로 일어나 여행 가방 하나와 쇼핑백 몇 개를 한 손에 겹쳐 들고는 나와 선배에게 "들으셨죠? 원하는 대로 나갈게요"라며 성큼성큼 걸어 나갔다. 이대로 남자를 보내도 되는지 조금은 불안해서 선배 경찰관을 쳐다봤는데, 담담한 얼굴이었다. 화장실에서 자초지종을 자세히 들어본 입장에서도 오늘 확인된 사실만으로는 적극적인 조치를 하기 어려운 듯 싶었다. 우리는 남자의 신분증과 연락처만 확인한 채로 남자가 나가는 모습을 지켜볼 수밖에 없었다. "당분간 이곳에 오지 말라고 남자에게 연락해 경고할 테니, 현관문 비밀번호를 바꿔주세요"라고 말하고 떠나려는데, 여자가 보인 반응이 뜻밖이었다. 오지 말라고 연락할 것까지는 없고, 현관문 비밀번호도 바꾸지 않겠다는 것이었다.

이대로 떠나는 것이 뭔가 찜찜해지기 시작했다. 혹시 도어록 조작법을 모르면 우리가 대신 해주겠다고 하는데도 여자는 거절했다. 몇 차례 더 권했더니, "내가 죄지은 사람도 아닌데 스스로 정할 권리가 있지 않냐?"며 그만하고 나가달라고 단호하게 말했다. 나와 선배 경찰관은 일단 그 집을 나왔다. 그러나 지구대로 복귀하지 않고 좀 더 이 커플에 대한 탐문을 시작했다. 신고자에게 전화를 걸어봤더니, 바로 옆집 거주자였는데 사흘 전에 이사해서 오늘 일 외엔 잘 모른다고 했다. 혹시나 해서 1층으로 내려가 오피스텔 경비원을 만나봤다.

근무자는 바로 보안팀장을 불러줬다. 보안팀장은 우릴 보더니 대뜸, "혹시 ○○○○호 때문에 왔어요?"라고 물었다. 우리가 출동했던 집 호수였다. 잠시 서서 보안팀장이 해주는 말을 들었는데, 역시나 그냥 철수하지 않고 알아보길 잘했다는 생각이 들었다. 그 커플은 이웃이 알아챌 만큼 심하게 다툰 적이 한두 번이 아니고, 한두 달 전에는 여자가 맨발로 1층까지 뛰어 내려와 경비원에게 도움을 요청하기도 했다는 것이다. "남자친구가 때리려고 했다"면서 말이다. 나와 선배 경찰관은 보안팀장에게 감사를 표시하고, 다시 여자가 있는 집으로 올라가 초인종을 눌렀다. 여자는 바로 문을 열어줬다.

우리는 처음 출동했을 때와 달리, 추궁하는 기세로 여자를 대했다. "알아보니 남자에게 맞을 뻔했던 적도 있던데, 아까 화장실에선 오늘 위험한 일이 없었다고 왜 거짓말을 했냐?"고 꾸짖는 듯한 분위기로 물었다. 맞을 뻔했던 적이 있었어도 오늘은 위험하지 않았다는 말은 성립할 수 있는데, 뭔가 찜찜했던 우리는 다소 억지스럽게 여자를 몰아붙였다. 이윽고 여자는 거짓말이 들킨 아이처럼 풀이 죽어서 더듬더듬 대답하기 시작했다. 사실은 오늘도 남자가 식탁까지 다가와 욕을 하더니, 손바닥으로 가슴팍을 세게 밀치고선 접시를 바닥에 던져 깨뜨렸다는 것이었다.

정신이 확 들게 하는 진술이었다. 남자는 폭행죄에 더해 재물손괴죄까지 저지른 셈이기 때문이다. 깨진 접시는 어떻게 했냐고 묻자, 경찰이 도착하기 전에 빗자루로 쓸어 검은색 비닐 봉투에 담아 휴지통에 넣었다고 했다. 여자 스스로 말이다. 남자가 깨진 그릇을 치우라고 강요하거나 위협한 적은 없다고 했다. 부엌에 있는 휴지통을 열어 살펴봤더니 정말 깨진 그릇 잔해가 담긴 비닐 봉투가 있었다. 우리는 그냥 종결지을 성격의 신고 사건이 아니라는 점을 안내하면서, 피해자인 여자에게 진술서 작성을 요청했다. 또 한 번 여자는 이해하기 어려운 반응을 보였다.

"폭행은 처벌을 원하지 않으면 상관없잖아요"라며, "걱정해주신 건 감사한데 이만 돌아가셨으면 좋겠다"라고 단호한 모습을 보였다. 이어, "경찰이라도 자꾸 내 뜻을 거스르고 집에 머물 수는 없는 거잖아요"라고 쏘아붙이기도 했다. 우리는 뭔가 대단히 잘못됐다고 느꼈지만, 사실 법적으로 여자의 말은 틀린 데가 없었다. 그래도 이대로 물러서서는 안 된다고 생각했다. 나는 선배의 제지에도 불구하고 여자에게 "폭행이 반의사불벌죄인 건 맞지만 재물손괴는 아니다"라며, 피해자의 진술서가 없어도 신고자나 경비원 관련 진술로 얼마든지 사건 접수가 가능하다는 사실을 전했다.

나는 현관문을 나서면서 "경찰관의 양심상 이 사건을 꼭 여성청소년수사팀에 발생 보고서를 써 접수해야겠다"라고 통보했다. 엘리베이터에 탑승해 1층 버튼을 누르고 문이 닫히는데, 복도에서 다급하게 쫓아오는 발소리가 들렸다. 우리는 1층으로 내려가 다시 보안팀장을 불러달라고 요청했고, 그에게 참고인 진술서를 쓰도록 부탁했다. 그 사이에 여자도 엘리베이터를 타고 내려와 우리를 쫓아왔다. 지금까지 대체로 얌전했던 여자는 한껏 흥분해서 나에게, "지금 뭘 하시려고 이 아저씨(보안팀장)를 불렀냐?"고 따지기 시작했다. 이어, 절대 사건 접수를 하지 말라면서, 보안팀장에게는 "입주자가 원치 않는 일엔 협조하지 말아야지 뭐 하는 짓이냐?"며 경찰에 협조하면 오피스텔 관리사무소에 정식으로 항의하겠다고 엄포를 놨다.

나는 여자에게 "경찰관 직무를 방해하지 말라"며 경고를 했고, 선배 경찰관은 "걱정되는 마음에서 하는 조치다"라고 달래기도 해봤는데 여자는 요지부동이었다. 오히려 "사실은 접시도 내가 화가 나서 깼다"라고 말을 바꿨다. 나는 점점 혼란스러워졌다. 선배는 "대신 부모님과 통화하게 해달라. 그러면 사건 접수를 보류하겠다"라고 절충안을 내놨다. 여자는 상당히 내켜 하지 않았지만, 결국엔 어머니 연락처를 알려줬다. 여자는 내가 통화하는 데도 따라와 무슨 말을 하는지 들으려 했는데, 선배가 그것만은 강력하게 막았다.

어머니는 경찰관이 전화를 하게 된 자초지종을 듣더니 한숨을 크게 쉬고는 "이미 알고 있던 일"이라고 답답한 마음을 전했다. 여자는 대학원을 다닐 때 유기동물 봉사 동호회에서 남자를 만나 연애를 하게 됐다. 남자는 처음 만났을 땐 회사를 다니고 있었는데, "적성에 안 맞는다"며 퇴사를 하고 이직 준비를 했다. 이때 경제적으로 어려워지면서 여자가 사는 집에 들어가게 된 것이었다. 남자의 구직 기간은 길어지기만 하고, 점점 예민해져 딸에게 폭언을 하거나 폭행 직전까지 가는 일이 생겼다. 어머니는 "당장 관계를 정리하라"고 했고, 처음에는 딸도 "알겠다"고 했는데, 관계가 계속 유지되고 있어 딸을 찾아가 만나기도 했다.

딸은 엄마를 만나서는 "내가 너무 오빠를 이해 못 했던 것 같다"면서 앞으로 잘 지낼 테니 걱정 말라고 어머니를 안심시키려 했다. 어머니는 이상한 마음이 들어서 일단은 동조하는 척하다가, 딸이 잠든 틈에 스마트폰을 열어 보았다. 두 사람이 주고받은 메시지를 살펴보니 남자는 여자와 갈등이 생기면 온갖 논리와 말주변을 동원해, 원인을 여자 탓으로 돌리고, 본인이 상처를 입었음을 피력하면서 "내가 더 사랑해서 더 상처받는 것"이라는 식으로 대화를 마무리 지었다.

어머니는 "나는 지금 이직이 잘 되지 않아서 힘든데 욕 좀 했다고 나가라고 하는 건, 너도 동물을 유기하는 사람들이랑 똑같은 거다"라고 남자가 여자에게 적반하장으로 메시지를 보낸 것도 있다고 전했다. 일의 전말을 모두 듣고 보니, 여자가 남자의 처벌을 원치 않는다고 해서 아무 조치 없이 넘어갈 사안이 아니라는 판단이 들었다. 그러나 순찰팀장이나 여성청소년수사팀 담당자에게 이 내용을 설명할 때는 어려움이 있었다. 그 당시엔 지금처럼 '가스라이팅'이나 '그루밍'과 같은 말이 일반에 널리 퍼진 시기가 아니었기 때문이다.

이에 내가 현장에서 파악한 정황과 사건 접수의 필요성을 설명하기가 상당히 힘들었다. 지금 같아선, "피해자가 가스라이팅을 당한 상태라 판단력을 신뢰할 수 없습니다"라고 설명하면 누구든 금방 이해하지만, 그때는 이 상황을 설명할 적절한 용어가 없어서 장황하게 말을 이어갈 수밖에 없었다. 말이 길어지면, 대체로 내 말을 자르고 핵심이나 요점이 뭔지 궁금해하는 경우가 많다. 팀장이든 여성청소년수사팀이든 "그래서 피해자가 가해자의 처벌을 원해요?"라고 일축했고, 나는 사실대로 "원하지 않는다"라고 대답할 수밖에 없었다.

추가로 설명하면서, "그래도 나는 사건 접수를 해야 한다고 생각한다"라고 의견을 내더라도 부정적인 입장을 보이는 경우가 많았다. 마음은 알겠지만 피해자의 의사를 무시하는 한편, 남자 쪽의 권리를 침해하는 일이 될 수 있다는 이유에서였다. 나 역시 이 의견에 반박하지 못하고 결국엔 수긍하게 됐다. 경찰관이 법률적 근거나 지침 없이 독단으로 절차를 진행하면 안 되기 때문이다.

교제폭력으로 사건 접수는 하지 않았지만, 상황실과 여성청소년계에 이 사건에 대한 보고는 상세히 한 덕분에, 여자는 안전조치 대상으로 선정됐다. 다행히도 이후에 그 집에서 별다른 갈등이나 112 신고는 없었다고 전해 들었다. 그래도 속 시원하게 현장 조치를 하지 못했다는 점은 내내 안타까웠다. 피해자를 제대로 설득하지 못했던 것일까, 내가 별로 믿음직하지 못했던 것일까, 내가 너무 무능했던 것일까, 등등 자책감마저 들게 됐다.

좀 더 경찰 생활을 이어가면서, 내 직무와 그와 관련된 사회현상을 좀 더 접하게 되면서 이제 자책은 하지 않게 됐다. 대신에, 경찰관 개인이나 경찰조직 자체만으로는 사건에 대한 대응이나 해결을 완벽하게 할 수 없다는 점을 깨달았다. 경찰이 현장에서 더욱 강해지고 꼼꼼해지기 위해서는 학계, 언론, 행정, 정치권 등등 모든 분야의 지원과 노력이 필요하다. 지금은 '가스라이팅'이란 것이 있고, 사람 사이의 관계에서 이를 악용하는 경우에 피해자는 엄청난 고통을 받을 수 있다는 사실을 모두가 알고 경계한다. 학계에서 연구를 통해 이론과 용어를 소개하고, 언론에서는 관련된 사건을 심층적으로 다루고, 국가적으로는 이 문제에 대응할 수 있는 제도와 지침을 만들어 놓은 덕분이다.

나 역시 사회현상이나 변화에 관심을 갖고, 그 현상이 경찰 직무와 어떤 연관성이 있을지 늘 고민하고 나름의 대안을 찾아보려고 노력 중이다. 모두가 범죄의 진화나 범죄 사각지대를 고민하고 해결하려 애쓰더라도 과도기나 빈틈은 존재한다. 그리고 그 빈틈과 과도기에 현명하게 대처해야 하는 건 나를 비롯한 우리 현장 경찰관이기 때문이다.

서울용산경찰서 경사.
기동대 의무복무 기간을 제외하고는 뚝심 있게 지구대에서만 근무한 10년 차 지역경찰이다. 심사승진(2020)과 특별승진(2023, 범인 검거)을 거쳤다. 경찰에 임용되기 전에는 축구 월간지 《BEST ELEVEN》에서 취재기자로 일했다.

그 경찰이 가정폭력 피해자에게
유난히 냉담했던 이유

박은섭

1

"팀장님, 드릴 말씀이 있습니다."

평소와 달리 "팀장님"이라는 거북한 호칭으로 면담을 요청하는 김영주(가명) 경사의 표정이 매우 어둡다. 공감 능력도 뛰어나고 다른 사람의 기분을 잘 챙기는 스타일인 김 경사는 불만을 이야기하는 일이 드문데 무엇 때문에 그런 낯빛을 하고 나에게 왔는지 마음이 편치 않다.

"팀장님! 더 이상 하소현(가명) 순경과 같이 근무 못 하겠습니다."

"대충 짐작은 하고 있지만 왜 그러는지 구체적으로 이야기해 주면 좋겠는데…. 차분히 이야기하면서 해결책을 찾아보자."

얼마 전 비행 청소년의 부모가 신병 인수를 거부하고 귀가하는 바람에 우리 사무실에 남아 있게 된 여학생이 친구 집에 가겠다고 버티던 사건 때문이란다. "청소년 쉼터와 귀가 중 빨리 선택하라"며 하소현 순경이 귀가를 거부하는 여학생을 윽박질렀고, 그것을 제지하던 김 경사와 심하게 언쟁했단다. 그 상황을 대충 알고 있던 터라 애써 태연한 척 김 경사와 마주했다. 그 당시 하 순경의 태도가 지나치다고 생각했지만 김 경사가 원만하게 해결할 거라 믿었기에 적극적으로 개입하지 않은 탓에 이 사달이 나고 말았다.

김 경사와 여성청소년과에서 함께 근무한 지 벌써 3년이 넘었다. 지구대 순찰팀에서 함께 근무했던 기간까지 합하면 초등학교 동창 같은 인연이다. 특별히 모나지 않은 성격 덕에 모두 함께 근무하고 싶어 하는 김 경사가 '같이 근무 못 하겠다'라고 선언하니, 팀장인 나로서는 극심한 편두통에 시달릴 수밖에 없었다.

"지난 하반기 인사에 인원이 모자라더라도 하 순경과 같은 팀에서 근무할 수 없다고 말씀드렸던 거 기억하시죠? 이전 근무지에서도 여러 선배님과 트러블이 있었고 평이 정말 안 좋았다고…."

"기억하고 있어. 하 순경이 전 근무지에서 평이 좋지 않았지만, 편견이나 선입견으로 후배의 열정을 꺾지 말자고 했지. 이유는 모르겠지만 다른 부서에는 지원하지 않으면서 매번 퇴짜 맞는 우리 과에만 지원하는 트러블 메이커 하 순경을 김 경사같이 좋은 선배가 이끌어주면 좋겠다고 회유한 것도 기억하고…. 지금까지 잘 해줘서 정말 고맙게 생각하고 있어. 그래도 김 경사라면 적어도 1년은 버틸 줄 알았는데…. 내가 부탁할게. 올해 하반기까지만 버텨보자. 적어도 1년은 지켜봐야 하지 않겠어?"

"팀장님! 그렇게 얼렁뚱땅 넘어가려고 하지 마세요. 진지하게 말씀드리는 거예요. 하 순경이 다른 팀에 우리 팀을 뭐라고 말하고 다니는지 알고 계세요? 선배들이 물러터져서 성과 평가에서 과 꼴찌고, 꼴찌 팀이라 본받을 선배도 없다고 이야기하고 다녀요. 그런데 같이 근무하라고요? 그건 제 자존심이 허락하지 않아요."

"나도 알고 있어. 하 순경이 '우리는 심리치료사나 사회복지사도 아닌데 성과보다 피해자의 심리 치유 따위에 집중한다'라고 말하고 다니는 거. 경찰이 아니라 자원봉사자처럼 성과를 신경 쓰지 않아서 팀이 꼴찌를 면치 못한다고 비아냥댄다는 것도 알고 있어."

"그럼 상반기 인사에서 내치셨어야죠. 우리 팀이 실적은 꼴찌일지라도 분위기는 최고였잖아요. 하 순경이 들어오기 전까지는."

"나도 예전에 하 순경처럼 의욕 넘치는 시절이 있었어. 연민보다는 건수로 피해자를 대할 때가 많았지. 지나온 날보다 남은 날이 적다고 생각하니까, 썩 좋은 경찰이었다고 자부할 수 없었어. 그동안 사건에 치여 실적만 따지면서 사람을 업무적으로만 대했던 게 후회됐거든. 괜히 미안해지고…. 사건 처리보다는 위로를 바라는 사람도 많았을 텐데…. 그렇게 사무적으로만 대할 필요가 없었는데. 따뜻한 말 한마디 건네지 않았던 게 이제는 마음의 짐으로 남는다."

"그거랑 하 순경이랑 무슨 상관이에요?"

"우리가 업무로 만나는 사람이 사건 관계자뿐이겠니? 동료도 마찬가지야. 거기에는 하 순경도 포함되고. 하 순경을 업무적으로 만났지만, 훗날 안쓰럽고 미안한 마음으로 기억되지 않도록 업무적인 관계를 넘어 서로 화합하자는 의미야. 함께 근무하는 동안만이라도…. 우리가 하 순경을 보듬어주지 못한 사람으로 기억하지 않도록! 무엇보다 가정폭력을 수사하는 우리가 내부 갈등조차 스스로 해결하지 못하면서 타인을 제대로 중재할 수 있을까?"

"뭔가를 가르쳐주면 자기가 알고 있는 것과 다르다고 우기고, 걸핏하면 우는데…."

"처음부터 잘 맞는 사람은 없어. 가족처럼 운명적으로 만난 사람들도 틀어지면 죽기 살기로 싸우는 판인데, 우리는 그저 직장에서 만난 사람들이니 맞춰가야지."

"그래서 노력하는데… 모두가 노력해야 관계가 개선되는 거잖아요. 일방만 노력한다고 해결되는 문제가 아니잖아요?"

"'부부는 똑같은 악기를 연주하는 사람이 아니라 전혀 다른 악기로 화음을 만드는 사람이다. 그러니 서로의 음역을 침해하지 마라. 절대 같은 음을 낼 수 없다. 단지 같은 곡을 연주하기 위해 다른 울림이 존재할 뿐이다.' 가정폭력 사건에서 늘 입버릇처럼 이야기했었잖아. 우리도 같은 곡을 연주할 뿐, 서로 다른 인격체야. 그리고 신임 때는 가장 뜨거운 열정을 갖고 있을 때잖아. 얼마나 자신을 증명하고 싶겠니. 너도 그런 때가 있었잖아. 그러니 방법을 알려주고 도와줘야지. 선배라면…."

"그것도 배우려고 해야지 알려주죠. 아무것도 모르면서 자기 고집만 내세우는데, 그것도 한두 번이어야 말이죠. 하 순경처럼 그저 기분 내키는 대로 행동하는 후배는 처음이에요. 저도 '내 등 뒤를 지켜주는 것은 방검복이 아니라 동료다'라는 팀장님 말씀에 공감하지만…."

"한자로 '동료'는 같은 횃불을 들고 있는 사람이라는 뜻이래. 어둠 속에서는 적도 아군도 구분할 수 없어. 그래서 예전에 야간에 백병전할 때는 횃불로 적과 아군을 구분했었대. 우리가 아무리 가정폭력이나 젠더폭력 같은 일을 처리하면서 참담한 어둠 속에 있다 하더라도 같은 횃불을 들고 있는 사람에게 척지만 안 되잖아. 비록 그 빛이 미약할지라도 더 빛날 수 있도록 도와줘야지 않겠어? 선배님들도 우리가 빛을 잃어가려 할 때 내치지 않고 붙들고 보태주셨잖아. 이젠 우리가 하 순경을 붙들자. 그게 선배님들께 진 빚을 갚는 방법 아니겠냐!"

"팀에 본받을 선배가 없다잖아요. 그런데도 굳이 그렇게까지 할 필요가 있을까요?"

"그러니까 느끼게 해줘야지. 선배님들께서 우리가 깨우치도록 해준 것처럼! 우리 여청은 증거를 모아 수사하는 사람들이 아니라 부서진 마음의 조각을 맞춰 새로운 희망을 만드는 사람들이잖아."

"하 순경은 아니에요! 업무하는 거 보면 아시잖아요. 성과 타령하면서 실수투성이에 변명만 늘어놓는 모습. 성과 타령도 승진 때문에 그러는 거잖아요!"

"하 순경도 실적이 우수한 경찰보다, 인정 많은 경찰이 훌륭하다는 걸 느끼는 날이 곧 올 거야. 우리도 그랬잖아. 우리는 지하철에서 마주친 가벼운 인연이 아니라 같은 횃불을 들고 있는 소중한 인연이잖아. 그 횃불 하나가 꺼지면 세상은 그만큼 더 어두워질 뿐이잖아? 세상이 어두워지면 선량한 사람들이 공포에 떤다는 걸 너도 알잖아. 선배님들께 우리가 진 빚을 후배인 하 순경한테 갚는다고 생각하자."

"그래도 저는 더 이상 못 하겠어요. 이번 하반기 인사에서 제가 나갈게요."

"…"

"저랑 하 순경 중에 선택하라는 말씀은 아니니 부담 갖지는 말아주세요. 저는 싸움을 말리는 사람이지 싸움을 하는 사람이 되고 싶지 않을 뿐이니까요."

"솔직히 나보다 김 경사가 더 합리적이니까 설득은 힘들 것 같고, 그냥 부탁할게. 귓등으로도 안 들으려고 하고 팀에 불만이 많은 하 순경 고집 때문에 스트레스 받고, 자존심도 상했다는 거 알아. 하 순경이랑 화해하라는 이야기가 아니라 방법을 알려줘. 피해자가 진실을 말할 수 있게 용기를 북돋는 방법을…. 배우려 하지 않아도 어떻게 하는지 보여주는 것만으로도 하 순경이 느끼는 게 있지 않을까? 어쩌면 나랑 함께하는 마지막 근무가 될지도 모르는데 한 번만 부탁할게. 우리 김 경사를 믿는다. 피해자를 진술하게 대하며 사람을 치유하는 김 경사의 마법사 같은 능력을!"

쉽게 담판 지을 수 없는 문제인지라 김 경사의 극단적인 결심을 거두게 할 방법이 없었다. 선물 같은 김영주와 시한폭탄 같은 하소현. 어떤 인연이 더 소중할까? 당연히 김 경사와 함께 근무하는 것이 현명한 선택이라는 것쯤은 잘 알고 있다. 하지만 '타인의 고통 위에 금자탑을 쌓으려 하지 말라'고 했던 선배님의 가르침을 팀장으로서 하 순경에게 전해줘야 한다는 의무감에 마음이 괴롭다.

2

나와 김 경사는 하 순경이 피해자를 조사하는 모습을 지켜보면서 경악했다. '사람은 고쳐 쓰는 게 아니다'라는 말을 또 한 번 실감했다. 어쩌면 저렇게 생각하고 말할 수 있는지! 도무지 정상적인 사고방식이라고 생각되지 않았다.

"그 사람은 나쁜 사람이 아니에요. 상황이 좋지 않았을 뿐 본성이 나쁜 사람은 아니에요. 술이 깨면 언제나 미안하다고 사과하고, 술 안 마신 날에는 저를 얼마나 아껴주고 사랑해주는지 아무도 몰라요. 허벅지를 다친 것도 남편한테 맞아서 그런 게 아니라 넘어진 거라니까요. 제가 보증을 잘못 서서…. 그날은 이자 빠져나가는 날이라 속상해서 술 마시고 화내니까 그 사람을 피하려다가 그만…. 진짜 저 혼자 넘어진 거예요."

"그냥 넘어졌는데 다리가 부러집니까? 병원에서는 뭐라고 했습니까?"

"분명히 그다음 날 술 깨고 사과했어요."

"그 전날은 사과했으니까 넘어간다 치더라도 오늘도 처벌 의사가 없으십니까? 전에도 이런 일이 있어 조사받으신 걸로 기억합니다.

신고가 반복되는 상황이라 사건 처리가 불가피합니다."

"처벌해달라고 신고한 게 아니라 술에 취해서 막 물건을 부수니까 무서워서…. 처벌보다는 그냥 잠깐 피해 있고 싶어서…."

"김지오(가명) 님! 처벌 의사가 없으신 게 확실합니까?"

폭행을 당해 대퇴골 골절로 전치 8주 진단을 받은 피해자가 가해자를 두둔하고 있으니 기막힐 노릇이다. 딱딱한 의자만큼이나 경직된 하 순경의 표정이 불편한 것인지 아니면 깁스가 불편한지 앉아 있기도 힘들어하는 그녀에게 '폭행은 사랑이고 관심의 표현이다'라고 최면을 건 사람은 누구인가!

"네. 알겠습니다. 분리조치만 원하신 겁니까?"

"네…. 그 사람이 구속되기라도 하면 생계가…."

"딸은요? 딸은 어떻게 하실 겁니까?"

"네? 그건…."

"혼자만 피신하시겠다는 겁니까? 딸한테…."

하 순경이 말을 이으려는 순간, 내가 끼어들었다. 외줄 타기 하는 듯한 피해자 조사 과정을 보고 있자니 내가 심장이 조마조마해서 견딜 수 없었다.

"김 형사님! 깁스한 환자가 앉기에는 의자가 너무 딱딱한 거 같은데 조금 더 편안한 걸로 바꿔드려요. 그리고 하 형사님! 과장님께서 호출하시는데 잠깐 진술인께 양해를 구하고 잠시 시간 좀 내줄 수 있을까요?"

하 순경이 먼 곳을 바라보며 코로 거친 숨을 내뱉는다. 팀원들이 자신이 하는 일에 끼어들 때면 불만을 드러내기 위해 하는 행동이다. 습관적인 행동이라 생각하며 그런 태도까지 흠잡고 싶지 않다. 나도 가끔 감정을 추스르지 못하고 무의식적으로 불만이 표출되는 때가 있으니까. 그리고 스물한 살에 경찰관이 됐다는 젊은 경찰관의 자부심을 짓밟고 길들이기를 하고 싶지도 않다. 나도 한때 가졌던 것이었기에.

복도로 나온 하 순경에게 귀한 손님을 대하듯 상냥하게 이야기했다.

"우리 팀이 상반기 성과가 저조해서 걱정이야. 의욕 넘치는 하 순경이 우리 팀 기대주로 부상할 수 있을 거라 확신해. 그래서 발 벗고 나서서 영입한 거 알고 있지?"

"더 열심히 하겠습니다."

"지금도 잘하고 있는데…. 하 순경이 봤을 땐 어때? 단순히 넘어져서 다친 거 같아? 내가 볼 때는 남편한테 폭행당한 거 같은데…. 나는 넘어져서 골절로 전치 8주를 진단받은 사람을 본 적이 없거든. 그리고 한여름에 긴팔을 입고 있다는 게 이상하지 않아? 보통 가정폭력 피해자들이 팔에 멍이 들어서 가리려고 더워도 긴팔을 착용하는 경우가 더러 있어서…. 대퇴골 골절도 남편한테 폭행당해서 그런 거 아닐까?"

"아니라고 하는데 진술을 강요할 순 없잖아요."

"맞아. 진술을 강요할 순 없지만 진실을 말하도록 용기 정도는 줄 수 있지 않을까? 가정폭력 피해자 대부분은 경제적으로나 심리적으로 억압된 경우가 많아서 진실을 숨기려고 하는 경향이 있거든. 견디다 못해 끝내 자해 같은 자기 파괴적인 행동이나 자살 같은 극단적인 선택을 하는 일도 있고…. 가해자의 손에 살해당하는 안타까운 일도 있어서…. 김지오 씨가 진실을 말할 수 있도록 하 순경이 용기를 불어넣어 주면 좋겠는데. 어려운 일이 아니야. 평소 과장님 말씀 듣는다는 생각으로 가끔 눈 마주치며 고개 끄덕여 주면 되는 거야. 할 수 있지?"

"팀장님, 제가 배운 건…."

"그래, 다른 선배님들한테 배운 방법이 잘못됐다는 게 아니라 상황에 따라 템포를 조절해야 한다는 이야기야. 강약 조절 말이야."

"맞았으면서 때린 사람을 두둔하고 감싸주는 인간들을 보면 화가 나요. '권리 위에 잠자는 자는 보호받을 가치가 없다'라는 말도 있잖아요."

"맞아. 나는 팀장으로서 하 순경이 정말 대단하다고 생각해. 그 또래 친구들은 술 마시고 노느라 정신 못 차리고 있을 텐데, 많은 유혹을 이겨내고 경찰이 되었다는 사실만으로도 의지가 강하다는 걸 증명했다고 생각해. 내가 만약 하 순경처럼 의지가 강한 사람이었다면 자신의 권리조차 지키지 못하는 사람들을 경멸하며 화냈을 거야. 하지만 피해자들이 정말 의지가 없어서 그럴까? 거대한 코끼리가 발목을 묶은 밧줄을 끊을 힘이 없어서 묶여 있는 게 아니야. 어렸을 때부터 밧줄에 묶여 있었기 때문이야. 어릴 때 끊어 내려 발버둥 쳐봤지만 번번이 좌절하면서 깊은 절망을 맛보았기 때문에 힘이 생긴 뒤에도 시도조차 못 하는 거야. 그것을 '학습된 무기력'이라고 하잖아."

"저는 그걸 이해하지 못하겠다니까요. 왜! 도대체 왜 가만히 있냐고요!"

"그 사람들을 대신해 화내주고 싶은 마음은 이해해. 하지만 그 사람들이 수렁에서 헤어나지 못한다고 화내면서 다그치기보다는 손을 내밀어주면 좋겠어. 어쩌면 그 손길이 과거의 좌절을 미래의 희망으로 바꿔줄지도 모르잖아? 우리가 사회복지사는 아니지만 단 한 번만 도와주면 돼. 딱 한 번만. 경사면에 있는 물체가 스스로 움직일 수 있도록 살짝만…. 그리고 '다나까' 말투가 절도 있고 간결한 느낌은 있지만 너무 딱딱하고 사무적인 것 같은데 가해자가 아니라 피해자라는 사실을 상기하면서 조금 부드럽게 조사하면 좋을 것 같아. 간섭이 아니라 팀장으로서 부탁하는 거니까 들어줄 수 있지? 가끔 피해자에게 너무 차갑게 대할 때도 있어서 걱정스럽기도 하고…. 한 템포 늦추고… 그래야 김 경사가 서포트할 틈이 생기니까. 그게 팀 화합이야. 무슨 말인지 알겠지? 부탁해."

하 순경은 내 눈을 피하며 "네"라고 짤막하게만 대답해서 속을 알 수가 없었다. 다만, 금방이라도 눈물이 흘러내릴 것 같은 눈망울로 끓어오르는 무엇인가를 억누르고 있는 것처럼 보였다. 화가 난 듯 과민반응을 보이는 하 순경의 행동에 괜한 간섭을 한 건 아닌지 당혹스러웠다. 한편으로 팀장으로서의 권위를 스스로 낮춰버린 것은 아닌지 후회스럽기도 했다. 풍문으로만 들었던 하 순경의 민낯을 보니 '그럼 내치셨어야죠'라는 김 경사의 외침이 메아리친다.

팀장으로서 독단적으로 결정하고 독선적으로 지시하고 싶은 충동을 가끔 느낀다. 하 순경의 태도를 보니 그렇게 행동해도 될 만한 충분한 이유가 된다. 하지만 나는 폭군이었던 아버지와 몇몇 선배님들의 쓸쓸한 말로를 지켜봤기에 알고 있다. 타인이 인정하지 않는 권위의 끝은 싸늘한 외로움이라는 것을 알기에 구성원들과 조화를 이루고 싶다는 생각이 앞섰다. 스스로 깨닫기까지 타이르는 것 외에는 달리 방법이 없다.

다른 한편으로, 하 순경이 타인의 아픔을 공감하지 못하는 듯 냉담하게 피해자를 대하는 것이 단순한 실적 압박이나 조사 기술이 부족해서라기보다는 다른 이유 때문이라는 직감이 스쳤다. 특별한 이유 없이 단순한 촉일 뿐이라 설명할 근거는 없다. 다만, 가족에 대한 질문을 받을 때면 극도로 긴장하며 거짓말 같은 허풍을 늘어놓는 하 순경의 태도가 마음에 걸렸다. 이유가 뭐가 됐든 섣불리 짐작하고 시답잖은 편견에 사로잡히고 싶지 않아 마음을 어지럽히는 잡념을 서둘러 지워버렸다.

하 순경이 잠시 자리를 비운 사이 김 경사가 피해자에게 짤막한 동영상을 보여주고 있었다. "나는 남편에게 맞았습니다. 남편은 나를 폭행한 뒤에, 언제나 꽃을 선물해 주었고…. 그리고 오늘, 내 무덤에도 어김없이 꽃을 선물해 주었습니다"라는 자막으로 시작하는 영상이었다. 그것은 남편의 가혹한 폭력에 사망한 여성의 충격적인 사연을 각색한 내용으로 "신고하라"는 간결한 메시지를 전달하는 호소력 있는 영상이었다.

3

영상이 재생되는 동안 같이 시청하던 하 순경이 훌쩍이기 시작했다. 영상이 끝나갈 무렵 하 순경이 격하게 눈물을 흘리는 바람에 김 경사가 혀를 내두른 이유를 실감할 수 있었다. 하 순경의 돌발 행동 때문에 진술하던 피해자가 되려 경찰관을 달래주는 기이한 광경을 보게 된 것이다. 흐느낌은 어느새 통곡으로 바뀌어, 피해자가 화장지를 찾아 하 순경에게 건넸다.

나와 김 경사는 하 순경이 시청한 영상 때문에 피해자의 입장에 공감하게 되었다고 생각하고 싶었다. 피해자의 무덤에 아무렇지 않은 듯 꽃을 놓아둘 뿐, 죄책감과 사죄의 눈물을 흘리지 않을 뻔뻔한 가해자가 눈앞에 있다고 상상하니 나 또한 감정이 격해졌기 때문이다. 하 순경도 그럴 거라 믿었다. 센 척하지만, 눈물이 잦았던 하 순경은 나에겐 아직도 어린 여고생처럼 보였다. 하지만 하 순경이 피해자를 부둥켜안고 펑펑 우는 모습을 보는 순간 돌발 행동을 말릴 엄두도 내지 못하고 넋을 놓고 말았다.

"그동안 조사 때마다 퉁명스럽게 해서 죄송해요. 언제나 폭행당하고도 제대로 진술하지 않고 '처벌은 원치 않는다'라고 말씀하시는 게 제 엄마를 보는 거 같아 화가 났어요. 때린 사람은 당당한데 왜 맞은 사람이 움츠러드는지! 뭘 그렇게 잘못해서 처벌해달라는 말을 못 하느냐고요! 도대체 왜! 저렇게 죽어버리면! 딸은… 남겨진 딸은 어떡해요!"

"…"

하 순경의 오열과 갑작스러운 포옹에 피해자도 당황하기는 마찬가지였다. 하지만 피해자는 우리와 달랐다. 이내 천천히 그리고 조심스럽게 하 순경의 머리를 쓰다듬었다. 피해자는 딸을 가진 어머니로서 하 순경을 쓰다듬고 있는 듯했다. 피해자의 위로로 마음을 진정시킨 하 순경이 울음 섞인 목소리로 울분을 토해냈다.

"저희 엄마는 남편이라는 사람한테 매일 맞으셨어요. 언니와 저에게는 '엄마가 잘못해서 맞은 거니까 너희는 아빠를 미워하지 말라'고 입버릇처럼 말씀하시면서. 제가 고등학교 때 그 사람한테 두들겨 맞아서 입원했을 때도 똑같이 말씀하셨어요. '엄마가 잘못해서 맞은 거다'라며 또 자책하셨죠. 보다 못해 이혼하라고 말씀드렸는데 '엄마 혼자 너희 둘을 어떻게 대학 보내고 시집을 보내겠냐?'라고 하시며 그 사람 집으로 걸어 들어가시는 모습을 보면서 가슴이 미어졌지만, 말리지 못했어요. 엄마가 맞고 있을 때도, 지옥 같은 곳으로 담담히 다시 걸어 들어가실 때도, 저는 아무것도 할 수 없었어요. 너무 무서웠거든요. 무엇보다 제가 그 사람 딸이라는 사실이 너무 싫었어요. 때린 사람과 닮은 딸에게 위로받아야 하는 상황이 엄마의 마음을 비참하게 만들 것 같았거든요. 그때 저는 결심했어요. 엄마를 지켜야겠다고! 그래서 킥복싱을 배웠고, 그 사람이 엄마를 때리려고 할 때 제가 가로막았죠. 제 힘으로는 그 사람을 당해

낼 수 없었어요. 그 사람이 저도 때리니까 엄마가 달려들어 손가락을 물어뜯었어요. 처음이었어요. 엄마가 그 사람에게 대항한 게…"

당황한 김 경사가 내 눈치를 살피며 하 순경의 돌발 행동을 제지하려 했지만, 나는 눈짓으로 가만히 있으라는 신호를 보냈다. 지나친 감정이입은 조사관의 객관 의무와 충돌하고 진술의 신빙성을 담보할 수 없다. 하지만 누가 나서도 돌이킬 수 없는 상황이었다. 나와 김 경사는 고개를 숙이고 침묵하며 하 순경에게 모든 걸 맡겼다. 하 순경 스스로 조각난 파편을 제자리에 돌려놓을 수 있도록…. 우리의 침묵 위에 화음을 맞춘 그녀의 독백이 처절하게 연주되었다.

"아무것도 할 수 없는 상황이 참담했어요. 하루는 엄마가 맞고 있을 때 경찰들이 왔고 어떻게 했는지 잘 모르지만 한동안 그 사람이 우리와 분리돼서 평온을 찾았어요. 그것도 잠시뿐이었고, 그 사람이 또다시 엄마를 때리기 시작했어요. 우리가 신고하려 하면 엄마는 '창피하니까 신고하지 마라'며 방으로 우리를 피신시키고 어둠 속에서 부둥켜안고 우셨어요. 그래서 '경찰이 돼서 내 손으로 그 사람을 구속해야겠다'라고 다짐했어요. 그 사람이 경찰 앞에서는 고분고분했거든요. 수능도 포기하고 경찰 시험 준비만 했어요. 엄마 울음소리를 들으면서 새벽잠을 이겨냈고, 마침내 경찰 시험에 합격했어요. 그리고 제 임용식에 찾아온 그 사람에게 '또다시 엄마를 때리면 구속하겠다'라고 선전포고했어요."

하 순경의 이야기는 계속됐다.

"하지만 그 사람은 제 말을 비웃기라도 하듯 그날 엄마를 또 때렸고, 엄마는 '네 아빠는 나쁜 사람이 아니라 술이 나쁜 거다'라고 두둔하셨어요. 떨어지지 않는 발걸음으로 집을 나서면서 '엄마는 맞아도 싸다! 더 맞아야 정신을 차린다!'라는 생각을 했어요. 제가 집을 떠나 여기로 발령받고 얼마 지나지 않았을 때 엄마가 울면서 전화하셨어요. '너희가 시집가면 이혼할 거다'라고 말했어요. 언니와 제가 결혼식에서 아빠 없이 신부 입장하게 할 수 없다며. 할아버지께서 일찍 돌아가셔서 큰삼촌 손에 이끌려 신부 입장해 보니 서러웠다고. 그때까지만 참겠다고. 엄마를 사나운 짐승이 있는 우리 안에 가둔 사람은 바로 저였다는 걸 그때 비로소 깨달았어요. 다음 날 머리를 짧게 자르고, 결혼하지 않겠다고 선언했어요. 그리고 악착같이 월급을 모았어요. 저에겐 화장품도 사치였어요. 그렇게 돈을 모아, 엄마가 그 사람 손아귀에서 벗어나 혼자 지낼 수 있는 집을 계약할 수 있었어요."

하 순경의 하소연은 왜 그토록 이른 나이에 경찰이 되었는지, 또래처럼 외모를 치장하지 않는지 설명해 주었다. 팀원의 아픔을 보듬어주지 못한 불찰에 마음이 쓰라렸다.

"그게 전부였어요. 제가 엄마한테 해줄 수 있는 것이, 고작 전세금 보태준 것 말고는 아무것도 없었어요. 경찰이 되고 나면 공소시효 끝나기 전에 반드시 제 손으로 그 사람을 구속해서 복수할 수 있다고 생각했어요. 어리석었죠. 피해자의 처벌 의사 없이는 손쓸 방법이 없어요. 접근금지 같은 임시조치도 피해자가 용서하면 끝이

잖아요. 엄마처럼 그 사람에게 경제적으로 의탁하고 심리적으로 지배당한 상황에서 피해자를 구할 방법이 없으니까…. 모른 척하고 싶었어요. 자립하려는 의지 없이 매일 폭력에 시달리는 피해자들을…."

"미안해서 어쩌나! 나만 지옥 같은 곳에 떨어져 혼자만 고통받고 있다고 생각했었는데…. 우리 딸도 고통받았구나. 나만 살겠다고 우리 딸을 내팽개친 이 못난 어미를 용서해라! 나는 참을 수 있지만 내 딸에게 그 폭력이 대물림되면 안 되지. 내가 끊어야지! 그 사람을 처벌해 주세요!"

하 순경의 처절한 독백이 흐느낌으로 사무치고 있었다. 하지만 피해자는 어금니를 앙다물며 억지로 눈물을 참고 있었다. 조사관과 피해자가 서로에게 휴지를 건네며 '울지 마세요'라고 위로해주는 상황에서 나와 김 경사는 비슷하지만, 다른 이유로 서로의 눈을 피했다. 어쩌면 그녀들의 기구한 사연에 눈물을 흘릴 것 같아서…. 어쩌면 같은 횃불을 들고 있으면서 동료를 비추지 못한 부끄러움 때문에…, 바로 곁에 있는 가정폭력 피해자를 어둠 속에 방치했다는 죄책감 때문에….

왜 몰랐을까. 가정폭력 피해자나 가해자의 심리를 잘 알고 있다고 자부했지만 거만한 착각이었다. 날카롭게 깨져버린 파편에 찔려 고통스럽게 일그러진 기억을 감추기 위한 하 순경의 투사와 전이. 하 순경은 가정폭력 사건을 해결하고 자신을 억누르고 있던 과거에서 벗어나고 싶어 했지만, 무한히 재생되는 또 다른 모습의 가정폭력 사건에서 난폭한 아버지와 무기력한 어머니, 그리고 겁에 질린 어린 여고생을 마주했을 것이다. 가정폭력으로 얼룩진 과거에 멈춰버린 시간 속에서 눈물 흘리는 자신을….

하 순경은 더 이상 말을 잇지 않았다. 하지만 분명 피해자와 마음만은 더 많이 이어지고 있었다. 많은 위로와 사과보다 피해자가 가정폭력이라는 어둠의 미로에서 탈출할 수 있도록 밝게 비춰주는 횃불이 되었다고 확신한다.

그 사건 이후 많은 것이 변했다. 김 경사는 두 번 다시 '하 순경과 같이 근무하지 않겠다'라는 말을 하지 않았고, 하 순경의 짧은 머리는 어색한 단발이 되었다. 그리고 우리와 진정한 동료가 되어 많은 피해자가 진실을 이야기할 수 있도록 용기를 주었다. 서로 다른 파장이었지만 누군가에게 감동을 주는 화음이 되었고, 같은 횃불을 들고 어둠을 밝히는 진정한 동료 경찰이 된 것이다. 훗날 우리는 피해자와 감정으로 교감하고 피해자의 감정과 조화를 추구하는 "Feel Harmony"로서 성과 평가 꼴찌에서 탈출할 수 있었다.

지금은 서로 다른 곳에서 근무하고 있지만 꺼지지 않는 횃불로 세상을 밝히고 있으리라 믿어 의심치 않는다. 타인의 깨져버린 마음을 치유하고 더욱 단단하게 성장한 우리가 만났던 모든 사람의 건승을 기원하며, 서로의 감정이 조화를 이루었던 최고의 팀 "Feel Harmony"를 축복한다. 그리고 우리 곁에 또 다른 하 순경이 있지는 않은지 횃불을 높이 들어 세상을 밝히려 한다.

어쩌면 코끼리는 발목에 묶인 끈이 풀리는 순간 세상이 무너진다고 생각할지 모른다. 하지만 세상은 절대 무너지지 않는다. 마음이 무너졌을 뿐! 무너진 마음을 바로 세우면 온전한 세상의 자유를 그 안에 가득 담을 수 있다는 사실을 많은 피해자가 되새길 수 있길 바란다. 하 순경처럼, 그리고 김지오 님처럼.

고흥경찰서 경위.
2009년 순경으로 임용되어 전남 고흥경찰서에서 근무하고 있다. 가정은 우리 사회를 밝히는 횃불이라 생각하며 그 불빛이 꺼지지 않길 바라는 경찰관이다.

정의가 존재한다는 사실을
증명하기 위해

윤 수 린

　대학 시절, 나는 객기 반 호기심 반으로 《레 미제라블》 영문판을 꾸역꾸역 읽었다. 당시 그 두꺼운 책을 끝까지 읽는다는 사실 자체가 내게는 일종의 허세이자 도전이었다. 읽는 동안 점점 장 발장이라는 인물에게 끌렸다. 그는 죄를 짓고 회개하며 다시 태어난 사람, 타인을 위해 자신을 내던지는 사람이었다. 분노 대신 자비를, 이기심 대신 연민을 선택한, 현실에서는 좀처럼 보기 어려운 존재였다.
　세월이 흘러 경찰이 되었다. 10년 가까이 다양한 사건을 수사하면서 온갖 인간 군상을 보았다. 학대, 방임, 폭력, 욕망, 배신, 그리고 돈. 인간은 놀랄 만큼 쉽게 추악해질 수 있었다. 법을 어기고, 양심을 팔고, 가족을 버리는 일을 서슴지 않았다. 그런 현장을 매일 마주하다 보니, 나는 점점 자베르 경감처럼 '자비보다는 원칙을, 감정보다는 증거를 믿는 사람'이 되어 갔다. 감정이 개입되면 정의가 흐려진다고 믿었기 때문이다.

그러던 어느 날, 상식으로는 납득하기 어려운 사건이 접수되었다. 고소장의 첫 문장은 이랬다.

"친부가 장애가 있는 자식을 나에게 맡기고 잠적했습니다."

익숙한 유형이었다. 아동방임 사건은 수없이 다뤘으니 또 그런 사건이겠거니 생각했다. 하지만 첨부된 보고서를 읽자, 단순한 사건이 아니라는 걸 바로 느꼈다. 문장 하나하나가 비현실적으로 느껴졌다.

"친부는 장애인 수당을 꾸준히 받아왔지만, 양육비를 지급한 적은 거의 없습니다. 수당을 타기 위해 친권도 포기하지 않았습니다. 방임 기간은 10년이 넘습니다."

장애가 있는 자식을 남에게 맡긴 채 10년 넘게 국가보조금만 챙겨왔다고? 믿기 어려운 내용이었다.

고소한 할머니를 만나러 갔다. 구부정한 허리, 거칠게 갈라진 손등, 그리고 조심스러운 말투. 할머니의 딸이 옆에서 진술을 도왔다.

"그 남자와 같은 회사를 다니면서 안면을 텄어요. 그 사람은 장애가 있는 아이를 혼자 키운다고 했죠. 어느 날 집에 가보니 집은 쓰레기장 같았고, 아이는 제대로 먹지도 못한 채 말라 있더라고요. 그 남자가 자식을 맡아달라고 하길래, 도저히 두고 올 수가 없었어요."

할머니의 표정에는 원망도, 계산도 없었다. 단지 오래된 피로와 책임감이 묻어 있었다.

조사를 이어가며 사건의 윤곽이 드러났다. 아버지는 아이를 맡긴 뒤 사라졌다. 그러나 친권은 유지했다. 이유는 단 하나, 돈이었다. 국가에서 지급되는 기초생계급여, 장애인 수당, 부자가정 아동양육비를 모두 본인이 수령했다. 10여 년 동안 약 1억 5천만 원.

그 돈은 어디로 갔을까. 영장을 받아 계좌를 추적했다. 의료비로 쓴 금액은 달랑 32만 원. 나머지는 대부분 사치품 구입이나 생활비에 사용됐다. 고가의 카메라, 커피머신, 건강식품 영수증이 눈에 띄었다. 반면 아이는 충분히 먹지 못했고, 정신과 진료가 절실했지만 병원에 데려간 적은 단 한 번이었다. 아버지 혼자 병원을 방문해 의사에게 치료 경과에 대한 설명도 하지 않은 채 자폐 환자를 위한 약을 처방받고, 그 약을 양육 보조 도우미를 통해 아이에게 전달할 뿐이었다.

조사 과정에서 그 아버지를 만났다. 60세 정도 된 평범한 남성이었다.

"몸이 안 좋아서 수당을 병원비로 썼습니다. 그리고 할머니가 양육비를 받지 않겠다고 했어요."

말끝마다 "죄송합니다", "반성합니다"를 반복했지만, 그 말에는 진심이 없었다. 오로지 '구속만 면하자'는 계산만이 보였다. 그 순간 깨달았다. 악의는 반드시 폭력적이거나 잔혹한 형태로만 드러나는 것이 아니라는 걸. 어떤 악은 합리적이고, 논리적이며, 평범하다.

그날 저녁, 나는 알베르 카뮈의 《페스트》 속 한 구절을 떠올렸다.

"세상에는 불행과 불의가 너무 많습니다. 그러나 그것이 싸움을 멈

취야 한다는 뜻은 아닙니다."

그 문장은 오랫동안 머릿속을 떠나지 않았다. 완전한 정의는 존재하지 않을지 모른다. 그러나 그 불완전함 속에서도 인간은 멈추지 않아야 한다. 싸움이란 승리를 위한 것이 아니라, 정의가 여전히 존재한다는 사실을 증명하기 위한 노력이기 때문이다. 그렇다면, 정의를 완수하기 위해 나는 무엇을 해야 하는가.

조사는 치밀하게 이어졌다. 시청 복지 담당자의 면담 기록에는 아버지의 계산된 행적이 고스란히 남아 있었다. 그는 수당을 더 받는 방법을 문의했고, "다음 달부터 아이를 위해 돈을 보내주겠다"며 거짓말을 했다. 할머니는 시청을 찾아가 "아이를 기를 돈이 없다. 나 좀 살려달라"며 눈물로 호소했다. 복지 시스템의 허점을 악용한 한 인간의 탐욕과, 묵묵히 버틴 한 노인의 선의가 10년 넘게 공존해 온 셈이었다.

범죄의 고의성을 입증하기 위해 수년간의 수당 지급 내역, 피해자의 진술, 계좌 거래 내역을 일일이 대조했다. 시청에서는 지난 10여 년 동안 아버지의 수당 수급 문의 전화 통화, 할머니의 하소연이 담겨 있는 '행복e음'(보건복지부가 운영하는 사회보장정보시스템) 기록과, 자체 아동학대 조사 내용이 담긴 정보 공유서를 회신해주는 등 수사에 적극 협조하였다. 이렇게 촘촘히 구축되어 있는 아동학대 대응 체계 덕분에 나는 아버지의 거짓말을 하나씩 반박해나갈 수 있었다. 그는 도주 우려가 있고, 증거 인멸 가능성도 충분했다. 법원도 죄질을 중대하게 보고 구속영장을 발부했다.

사건의 또 다른 축은 단순한 처벌이 아닌 회복적 정의였다. 정의란 때로는 죄를 단죄하는 데서 끝나지 않고, 그로 인해 훼손된 관계와 삶을 회복시키는 과정까지 포함되어야 한다. 이 사건의 본질은 한 아이의 삶이 무너진 데 있었다. 따라서 수사의 목적은 가해자의 처벌뿐 아니라, 피해 아동이 다시 사회 속에서 존중받으며 살아갈 수 있도록 돕는 것이어야 했다.

우선 아버지의 친권을 한시적으로 제한하는 임시조치를 법원에 신청하고, 법원에서는 임시 후견인으로 시장을 선정하였다. 이제 시청에서는 친권 행사가 가능하게 되었다. 아이가 적절한 치료와 교육을 받을 수 있도록 전문기관 입소를 추진했다. 이는 단순한 행정 절차가 아니라, 아이의 존엄을 회복하는 첫걸음이었다. 동시에 수년간 묵묵히 책임을 떠안았던 할머니의 헌신이 사회적으로 인정받을 수 있도록 노력했다. 그 결과 시청은 그녀에게 표창을 수여했다.

아버지는 「아동복지법」상 아동방임, 사기 및 「기초생활보장법」, 「장애인복지법」, 「한부모가족지원법」 위반 혐의가 인정되어 검찰에 송치하였다. 사기죄가 성립하기 위해서는 기망, 즉 상대방을 속여서 돈을 받았다는 사실이 입증되어야 한다. 이 사건에서는 아버지가 10년에 달하는 기간 동안 각종 수당의 용도를 속였다는 사실을 입증해야 했다. 다행히도 시청 수급 담당 부서는 아버지와 할머니와의 면담을 지속적으로 해왔고, 그 내용을 '행복e음'에 기록해 놓았다. 할머니가 양육비를 계속 못 받았다는 하소연, 아버지가 추가 수당을 문의한 사실, 자식을 위해 돈을 타서 주겠다는 거짓말. 이 모든 것이 기록되어 있었다. 이번 사건은 피해자의 진술을 면밀하게 확인한 수사기관의 조사, 시청 주민복지과의 철저한 면담 기록 관리, 시청 아동보호팀의 면밀한 현장 조사와 임시 후견인 제도 활용, 안전한 보호체계 구축이 어우러진 결과였다.

나는 여전히 《레 미제라블》의 자베르 경감에 가깝다. 법과 원칙, 절차의 힘을 믿는다. 하지만 세상 어딘가에는, 장 발장과 같은 사람들이 존재한다는 것을 알게 됐다. 버려진 아이를, 세상도 모르게 키워온 할머니 같은 사람 말이다.

그래서 요즘은 생각한다. 좋은 수사관이란 단순히 진실을 밝히는 사람이 아니라, 그 진실 뒤의 인간을 보는 사람이어야 한다고. 앞으로는 '인간적인 정의가 무엇인가'에 대해 고민할 것이다.

이제 나는 사건 기록을 넘길 때마다 스스로에게 묻는다.

"이 사건의 장 발장은 누구인가?"

그 답을 찾아가는 일이, 내 수사의 또 다른 목적이 되었다.

충남경찰청 여성청소년과 경감.
2014년 경찰에 입직해 방범순찰대 소대장을 시작으로 경비, 생활안전, 기획예산, 외사, 수사 등 다양한 부서를 거치며 현장과 본청을 두루 경험했다.
현재는 여성과 청소년을 대상으로 한 범죄를 수사하며 피해자 보호와 정의 실현에 힘쓰고 있다. 수사가 한 사람의 인생을 바꿀 수 있다는 점에서 깊은 책임감을 느끼며, 따뜻하면서도 엄정한 수사를 지향한다. 서울대학교 일반대학원에서 법학전공 석사학위를 취득했다.

때로는
허세도 필요하다

유재원

　2016년 겨울이 끝나갈 무렵 형사과 폭력팀에 있을 때였다. 그 당시에는 교제폭력이 아닌 데이트폭력이라는 용어를 사용하였고, 담당부서가 형사과였다. 전문성 제고를 위해 우리 팀에 접수되는 교제폭력 사건은 모두 내가 전담으로 처리를 했다.

　지구대에서 한 사건이 접수되었다. 교제폭력으로 인해 도움을 요청하는 여성이 있다는 내용이었다. 여성은 여성긴급전화 1366을 통해 상담을 했고, 상담원이 가까운 경찰서에 가서 빨리 신고하라는 조언을 했다. 여성은 남자친구에게 약국에 다녀온다고 거짓말을 한 뒤, 지구대를 방문했다. 신고 내용은 남자친구에게 지속적으로 폭행을 당하고 있으며, 당일에도 냉면을 끓여주었는데 맛이 없다는 이유로 남자친구가 손가락을 여성의 구강 깊숙이 집어넣고 숨을 못

쉬게 한 뒤 주먹으로 때렸다는 내용이었다. 지구대에서는 여성의 진술을 듣고 남자친구를 임의동행하여 폭력팀으로 인계했다.

당시 여성의 나이는 23살이었다. 24살인 남자친구에게 단순히 폭행을 당한 사람치고는 너무 겁에 질려 제대로 된 진술이 힘든 상황이었다. 폭력팀에 남자친구와 함께 인계되었는데, 여성이 나에게 처음 한 질문은 "저 밖에 남자친구가 있는 건가요?"라는 말이었다. 여성을 안심시키고 이후 남자친구의 추가적인 폭행과 보복을 반드시 예방해 주겠다고 수차례 설득해 겨우 안심시킬 수 있었다. 이후 청취한 여성의 피해 진술은 충격적이었다.

여성은 남자친구와 약 8개월간 동거 중이었다. 남자친구는 이전에 술집 종업원으로 일하다가 그만두고 여성에게 바 종업원 등을 시키며 여성이 번 돈으로 살면서 집에서 게임만 하고 있는 상태였다. 동거생활 중 남자친구는 거의 매일 여성을 폭행했다. 늦게 들어왔다는 이유로 엎드려뻗쳐를 시킨 후, 블라인드를 부숴 여성의 엉덩이를 수십 차례 가격하고, 이로 피해자의 팔과 다리 부위를 강하게 깨물고, 음식 관련된 이야기가 나오면 손가락을 여성의 구강 속으로 집어넣어 숨을 못 쉬게 하는 등 폭행의 정도가 매우 잔혹했다.

여성이 새벽에 일을 마치고 정해진 시간에 귀가하지 않으면 몸에 멍이 들 때까지 폭행이 이어졌고, 폭행이 끝난 후 여성이 남자친구에게 키스를 하지 않으면 존경심이 없다는 이유로 다시 폭행이 시작되었기에 여성은 폭행을 당한 후 항상 남자친구에게 키스를 할 수밖에 없었다. 남자친구의 진술에서도 자신의 행동을 정당화하기 위해 여성이 자신에게 키스를 해주었다는 것을 강조하며 일방적인 폭행이 아니라고 주장했다. 여성의 진술에 기초하여 남자친구를 즉시 분리하지 않으면 여성의 안전을 보장할 수 없어 남자친구를 긴급체포했다. 당시에는 접근금지 등 남자친구의 행동을 제약할 제도적 장치가 미비했다.

여성은 진술하는 동안에도 계속 자신이 이러한 상황에서 과연 벗어날 수 있는지를 물었다. 남자친구가 나오면 신고한 사실에 대해 보복할 것이라며 불안해했다. 여성은 그 전에도 수차례 여성긴급전화를 통해 상담을 해보았으나, 마땅한 방법이 없어 점점 무기력해져 가고 있었다. 여성은 처음에 경찰을 믿지 못하는 태도였고, 간단한 조사 이후 남자친구가 풀려나 이와 같은 생활이 반복될 것이라 체념하고 있었다.

여성의 진술을 청취할수록 과도하게 불안해한다고 판단하였고, 라포 형성을 통해 여성이 정말 불안해하는 이유를 알 수 있었다. 8개월간 남자친구의 잔혹한 폭력도 있었지만, 남자친구의 아버지가 어느 지방 조직폭력배라고 했다. 확인한 결과, 사실로 확인되었다. 그래서 여성은 남자친구의 보복을 피할 수 없다고 체념하고 있었던 것이다.

나는 여성에게 허세 아닌 허세를 부렸다.

"거기 아버지가 조폭이든 뭐든, 아마 제가 더 셀 거예요."

처음으로 여성이 웃었다. 여성은 정말 경찰을 믿어도 되는지 물었고, 나는 본인 인생에 다시는 이런 일이 없도록 도와주겠다고 약속했다. 내 말에 안심이 되었는지, 그간의 피해 사실에 대해 적극적이고 심도 있게 진술하였고, 관련 증거자료도 제출하는 등 조사에 성실히 임했다.

증거자료를 확인해보니 실로 충격적이었다. 온몸에 새겨진 멍과 선명한 이빨 자국, 신고를 하거나 자신이 잘못되면 세상 끝까지 쫓아가서 반드시 죽여버리겠다는 협박 등. 여성의 진술과 증거자료를 토대로 입증한 남자친구의 범죄 사실은 식칼을 이용한 특수협박 2건, 상해 4건, 폭행 2건이었다. 그 외에도 증거자료는 없지만 지속적으로 남자친구에게 폭행을 당했다는 정황을 최대한 드러내기 위해 자세히 진술을 받았고, 지인들과 나눈 대화 내역도 첨부했다. 그 결과 남자친구의 구속이 결정되었고, 여성은 매우 안심했다. 다만, 남자친구 아버지의 보복이 두렵다고 했다. 나는 여성이 보는 앞에서 남자친구 아버지와 통화를 했다. 아버지는 여성에게 앞으로 어떤 피해도 없도록 자식 간수를 잘 하겠다고 답변했다. 그러자 피해자는 눈물을 흘리며 고맙다고 했다. 이전에도 경찰서 문 앞까지 수차례 왔었으나, 어떤 대응이 가능할지 몰랐고, 상담 전화에서도 맞은 직후가 아니면 사건 처리가 힘들 것이라는 이야기를 들었기 때문에 신고를 하지 못했다고 했다.

사건이 종결된 이후에도 여성은 쉽게 사회로 나가지 못했다. 무기력한 생활을 이어갔고, 피해의식에 사로잡혀 자책을 심하게 해서 경찰인 내가 해줄 수 있는 일은 없었다. 기껏 할 수 있는 일은 상담시설 연계 정도였다. 여성은 상담을 몇 번 나가보았으나, 별로 와닿지 않았고 상담을 통해 무엇을 얻을 수 있는지 모르겠다고 했다.

  나라도 도움이 되어야겠다는 생각이 들어 무슨 일이 있을 때면 항상 상담을 해주었고, 지속적으로 여성의 안전을 확인했다. 인생 선배로서 자신감도 심어주려고 노력했다. 그 결과 두어 달 뒤 어느 정도 자신감을 회복한 모습이 보였고, 사회생활도 적극적으로 하는 모습을 볼 수 있었다. 지금의 이러한 모습이 언제까지 지속될지 몰라 여성에게 도움이 될 만한 제도가 있는지 확인해 보았으나, 피해자 입장에서 현실성 있는 제도는 없었다. 나라도 곁에 있어 주어야 되겠다는 생각으로 꾸준히 연락을 하고 관심을 보여주는 등 최선을 다했다. 지금은 상황이 많이 달라졌지만, 그 당시에는 여성긴급전화를 통해 지원할 수 있는 경제적, 심리적 제도가 없었다.

  그 사건이 있고 약 1년 반 정도 시간이 흐른 후 이른 아침에 변사 신고가 접수되었다. 네비 위치를 찍고 가는데 길이 익숙했다. '여긴 그 친구 집 가는 길인데…'라는 생각을 하면서 갔는데, 아니나 다를까 그 여성의 집이었다. 여성은 결국 안타까운 선택을 했다. 불과 4일 전에도 아무렇지 않게 이야기를 나눴는데 왜 이런 일이 생겼는지 도무지 이해가 되지 않았다. 여성의 부모님을 만나 이야기를 들었다.

  "형사님 이야기는 딸을 통해 많이 들었습니다. 너무 감사했습니다. 평소 아닌 척했지만, 과거에 그런 경험이 트라우마로 남아 힘들었던 것 같아요. 딸이 이렇게 되었지만, 형사님, 너무나 감사했습니다. 고맙습니다."

나중에 알고 보니 여성은 또 다른 교제폭력 피해를 당했고, 그 사실을 나에게 숨기고 넘어갔다. 나는 왜 좀 더 여성을 챙기지 못했는지 후회가 막심했다. 내가 그때 좀 더 피해 사실을 확인하였더라면, 더 적극적으로 관심을 가졌더라면, 좀 더 여성의 마음을 헤아렸더라면….

여성은 꿈이 승무원이라고 했다. 비행기를 타는 것이 좋다고 했다. 남자친구를 만나게 된 이유도 여행을 좋아한다고 해서 만나게 되었으나, 실제 자신은 돈을 버는 기계였고 돌아온 대가는 지속적인 폭력이었다. 지방에서 살다가 꿈을 이루겠다고 수도권으로 왔으나, 결국 남자친구의 폭력으로 인해 일찍 생을 마감했다.

가정폭력, 스토킹의 경우 임시조치 및 잠정조치라는 제도를 통해 일시적으로나마 가해자의 접촉과 연락을 제한할 수 있다. 그러나 교제폭력은 실무에서 경고장 이외에 딱히 할 수 있는 방법이 없다. 방법이라고는 사실혼 관계를 적극 적용하여 임시조치를 실시하는 것이다. 하지만 대부분의 미혼 여성은 결혼하지 않고 단순히 교제만 했는데 가정보호사건으로 처리되는 데 대해 의문을 제기한다. 이런 실정에서 그러한 이력이 젊은 여성에게 남는다면 과연 피해자 입장에서 동의를 할지 의문이다.

어떠한 경우에도 폭력은 정당화될 수 없으며, 교제폭력은 범죄다. 피해자가 잘못한 것은 없다. 숨기거나 두려워하지 말고 언제든지 경찰에 도움을 요청하였으면 하는 바람이다.

인천부평경찰서 경위.
2009년부터 지역경찰, 형사 업무를 주로 했고, 초임 시절에는 수배자 검거 및 범인 검거 공적으로 특진을 하였다. 강력형사와 폭력형사를 해왔으며, 2024년 여성청소년수사 업무를 시작했다. '범인은 반드시 검거한다. 피해자를 반드시 보호한다'라는 마인드로 수사를 하고 있다. 사이버대학에서 범죄심리학을 전공했다. 도로교통사고감정사, 성폭력상담사, 피해상담사, 수상인명구조사 자격증을 취득했다.

아동학대를 막으려면
온 마을이 나서야 한다

구홍모

"병원인데요, 아동학대가 의심되는 아이가 있습니다."

2020년 2월, 차디찬 칼바람이 불던 겨울이었다. 처음 그 아이를 만나게 된 건 관내 대형 병원의 112신고였다. 왼쪽 팔꿈치 골절로 인해 내원한 아이의 엑스레이를 찍기 위해 탈의를 시키던 중, 온몸의 멍 자국을 발견해 학대 의심 신고를 한 것이었다. 당시 APO였던 나와 여청수사팀은 병원으로 즉시 출동하여 아이의 상태를 확인했다. 우르르 등장한 아저씨들을 보고 잠시 당황한 기색을 보이던 아이는 이내 바깥의 추운 날씨보다도 더 냉담한 반응을 보였다.

"어쩌다 이렇게나 다친 거야?"

"놀이터에서 놀다가 넘어져서 다친 건데요."

"넘어진 게 아닌 거 같은데? 혹시 부모님이나 다른 사람한테 맞은

건 아니고?"

"저희 부모님은 저를 사랑해요. 가끔 제가 거짓말을 하거나 정신 나간 행동을 할 때는 제가 잘되기를 바라니까 저를 위해서 체벌하는 경우는 있지만, 그건 때린 것도 아니에요."

긴 시간 아이와 대화하면서 가장 놀라웠던 것은, 당시 만 9세였던 남자아이가 시종일관 무서울 정도로 어른스러운 말투를 구사했다는 것이다. 부모의 이혼으로 친모와 함께 지냈으나, 얼마 전 친모가 스스로 목숨을 끊으면서 지금은 친부, 계모와 함께 살고 있다는 내용을 아무렇지 않다는 듯 말하던 아이. 한 연구에 의하면 학대 피해와 같은 조기 역경은 아동에게 높은 감정 억제와 책임감 과다 형태로 발현될 수 있다고 한다. 그 아이의 조숙한 말투와 행동은 아마도 이 같은 이유 때문이었을지도 모른다.

피해진술 확보를 위한 아동보호전문기관의 수차례에 걸친 면담, 해바라기센터 연계와 같은 노력에도 불구하고 아이는 마치 세뇌가 된 듯 친부를 감싸는 말과 방어적인 태도만을 보였다. 수사팀의 끈질긴 조사에도 친부와 계모는 학대 사실에 대해서 모르쇠로 일관했다. 끝내 피해 사실을 입증하지 못한 이 사건은 그렇게, 어쩔 수 없이 내사종결되었다.

같은 해 6월, 이번에는 이웃이 아동학대가 의심된다며 112신고를 했다. 아이의 울음소리를 심상치 않게 여긴 이웃의 작은 관심이었다. 현장에 출동한 경찰이 집안 상황을 확인한 결과, 아이의 종아리에서 도구로 수차례 맞은 듯한 짙은 상흔이 확인되었다. 친부가 체벌 사실에 대해서 시인했고 피해 사실을 더 이상 부인할 수 없었기에, 사건은 다시 수면 위로 올라올 수 있었다. 아동보호전문기관과 나는 아이가 다니는 학교로 즉시 방문해 아이와 심층 면담을 시작했다. 4개월 만에 다시 만난 아이는 여전히 방어적인 태도를 보였다. 특히 대화 중 보호시설에 대한 이야기가 나오자 더욱 강한 거부 반응을 보였다.

"고아원은 춥고, 밥도 제대로 못 먹는 거 다 알아요. 그런데 왜 자꾸 저를 그런 곳에 가라고 하고, 아빠를 처벌하겠다는 거예요? 이렇게 찾아오는 것도 저는 정말 불쾌해요."

"그리고요. 제가 잘되라고 체벌할 수도 있지. 그냥 내버려두는 게 오히려 관심이 없는 거 아닌가요?"

대화를 하면 할수록 아이가 아니라 아이의 친부와 대화를 하는 느낌이 강하게 들었다. 마치 아빠가 했던 말을 그대로 옮겨 말하는 듯한 느낌이랄까. 신체적 학대뿐만 아니라 정서적인 세뇌도 이루어졌음을 짐작할 수 있었다. 담임교사에게 아이를 유심히 지켜보고 이상한 점이 발견될 시 즉시 신고토록 안내한 후 아이와의 면담을 마쳤다. 이후 부모를 찾아갔으나 회초리로 종아리를 때린 것은 훈육의 일환이라며 끝까지 억울함을 토로했다.

우리는 맞춤형 사례회의(피해자에 대한 맞춤형 보호·지원 서비스 제공을 위해 경찰 주관으로 개최하는 민·관·경 합동회의)를 통해 가해자의 처벌은 차치하더라도, 피해 아동 보호 측면에서 부모와의 분리가 당장 필요하다고 의견을 모았다. 그러나 아이를 부모와 강제로 떼어놓았을 때의 부작용과 그 책임 소재에 대한 부담감에 선뜻 분리조치를 강행할 수는 없는 현실이었다.

「아동학대범죄의 처벌 등에 관한 특례법」제12조에는 피해 아동에 대한 응급조치(아동학대범죄 행위 제지, 아동학대 행위자를 피해 아동으로부터 격리, 보호시설 인도, 긴급치료가 필요한 피해 아동을 의료기관 인도 등)가 규정되어 있다. 그중에서도 보호시설 인도의 경우, '특별한 사정'이 있는 경우를 제외하고는 피해 아동의 의사를 존중해야 한다는 단서 규정이 있는데, 이 무책임한 한 줄의 문장이 우리의 발목을 붙잡았다. 실무를 하다 보면 어느 정도 학대 의심 정황이 확보된 상황에서도, 아동 본인의 의사를 무시하는 것은 결코 쉬운 일이 아니기 때문이다. 보호시설로 인도한다는 것은 부모와 자식 관계를 그 순간부터 사실상 단절하는 것이기에, 다른 응급조치보다 최후의 보루로써 고려된다. 그러니 '특별한 사정'에 대한 해석은 매우 조심스러울 수밖에 없다.

아마 법에서 말하는 '특별한 사정'이라고 함은 '아이의 의사에 반해야 할 만큼 위험한 상황이 초래될 가능성이 높은 상황' 정도로 해석하면 될 것이지만, 경찰이 앞으로 벌어질 일을 예측해 완벽한 판단을 한다는 것은 불가능에 가깝다. 그럼에도 우리는 늘 현장에서 법률 해석과 그 책임의 문제를 짊어지고 있다.

결정을 망설이다가 사흘 정도 지났을 무렵 담임 선생님으로부터 한 통의 전화가 걸려왔다. 아이가 학교에 오자마자 얼굴에 500원 크기 정도로 발갛게 벗겨진 상처를 들이밀며, 때를 밀다가 다쳤다며 묻지도 않은 이야기를 했다는 것이다. 나는 아동보호전문기관,

여청수사팀에 이를 알리고 즉시 아동의 집을 방문했다. 발걸음은 마음만큼이나 조급해졌고, 분리조치를 차일피일 미룬 게 아닐까 하는 죄책감에 뒤통수가 뜨거워졌다. 아이의 얼굴에 보이는 동전 크기만 한 알 수 없는 상흔과 등 부위에 추가된 멍을 발견하고서, 우리는 더 이상 아이의 의견을 존중할 수 없었다. 서럽게 울며 거부하는 아이를 끝내 관내 보호시설로 인도했다.

부모에 대한 강한 집착과 분리조치에 거부감을 보였던 아이였기에, 보호시설에서의 적응이 우려스러워 전문상담가의 주 1회 지속적인 방문상담 연계를 비롯한 꾸준한 사후관리를 이어나갔다. 다행히도 얼마 지나지 않아 보호시설장은 아이가 집으로 다시 돌아가고 싶다는 말을 더 이상 하지 않는다고 전했다. 친부는 「아동복지법」 위반 혐의로 송치되었고, 몇 개월에 걸친 이 사건은 그렇게 마무리되었다.

친부의 지속적인 신체적 학대, 정서적 학대에서 벗어나게 된 아이. 이제야 자신을 괴롭히는 부모의 어두운 그늘 밑이 아닌 행복하고 밝은 세상이 있음을 알게 된 아이. 주변 이웃과 신고 의무자(법률상 아동과 보호·교육·의료 등과 관련해 정기적으로 접하는 사람으로서 학대가 의심되면 반드시 신고해야 하는 법적 의무가 있는 사람)들의 고마운 신고 덕분에 어쩌면 더 끔찍한 일이 생길 가능성을 사전에 막아냈다는 사실에 뿌듯함을 느낌과 동시에, 더 신속한 판단을 하지 못한 것이 내심 후회되었다. 몇 년이 지난 지금도 이 사건을 떠올리면 마음이 무겁고, 미안할 뿐이다.

아이 한 명을 제대로 키우기 위해서는 온 마을이 나서야 한다는 아프리카 속담이 있다. 법률·제도의 보완 및 신설, 그에 맞는 경찰의 대응 등 국가적 차원의 노력도 분명 중요하지만, 내가 경험했던 사건과 같이 주변에 대한 작은 관심과 신고 또한 절실히 요구된다. 국가와 경찰에 대한 국민의 신뢰와 적극적인 응원, 그리고 주변에 대한 관심이 뒷받침된다면, 국가적 차원의 노력 또한 더욱 빛을 발하지 않을까.

나는 현재 여성청소년과 내에서 성범죄 신상정보 등록대상자 관리라는 또 다른 업무를 맡고 있어 APO 업무와는 사실상 조금 멀어졌다. 하지만 여성청소년과 동료들이 각자의 위치에서 같은 목표를 향해 매일 고군분투하고 있음을 누구보다 잘 알고 있다. 여성청소년수사팀은 민감하고도 까다로운 성폭력, 가정폭력, 아동학대, 스토킹 범죄 등의 범죄 수사를 통해 정의를 실현하며, 여성청소년계는 그 피해자들을 보호하기 위해 변화하는 법률과 제도에 맞춰 각종 보호조치·유관기관과의 협업 등 각종 사후 지원에 총력을 다하고 있다. 오늘도 현장을 달리고 있는 대한민국 경찰, 여성청소년과를 믿고 응원해달라고 자신 있게 말하고 싶다!

구미경찰서 경위.
2015년 만 22세의 나이로 경찰에 입직한 후, 지구대·경무과·경비과·여청과 등 다양한 부서를 경험하였다. "차갑고 어두운 음지에서 세상의 온기를 지켜내는" 경찰이 되려고 노력한다. 여러 업무 중 피해자 보호 업무를 통해 경찰로서 큰 보람을 느껴 현재 여성청소년과에서 신상정보 등록대상자(성범죄자) 관리업무를 담당하고 있다.

사랑하는
우리 남편

이소연

    1년간의 육아휴직을 마치고 다시 경찰관으로 돌아왔다. 나는 다시 수사를 하고 싶어 여성청소년강력수사팀(여청수사팀 내 추적사건, 인지수사, 아동성착취 범죄수사 등 집중수사가 필요한 사건을 전담하기 위해 '20년부터 도입된 수사팀)에서 수사를 하고 있다. 새벽 2시에 술에 취해 부인을 때리는 아저씨를 체포하기도 하고 우울증 환자의 강간 허위 신고에 마음을 졸이며 출동했다가 헛걸음치기도 한다.
    누군가는 나에게 아이 엄마가 야간 근무까지 하며 험한 일을 해도 되냐고 묻는다. 문득 왜 내가 수사를 하고 싶어 하는지 궁금증이 생겼다.
    그럴 때마다 생각나는 사람이 있다. 경찰관이 된 지 3년도 채 되지 않았던 그때 처음 만났던 여성. 그녀의 이야기를 해보려고 한다.

기동대 의무복무 1년을 끝내고 초임지인 관악경찰서로 돌아갔다. 지구대 순찰팀원과 기동대 업무만 하던 내가 처음으로 내근 근무인 여성청소년계 가정폭력 업무를 하게 되었다. 전임자에게 업무 인수인계를 받아야 하는데 바로 지방청 질서계로 발령이 난 전임자는 일주일 후에야 인수인계를 해줄 수 있다고 했다. 내 업무는 대부분 컴퓨터로 작업해야 하는 것인데 그때부터가 문제였다. 컴맹에 가까운 나는 단축키 'Ctrl+c, Ctrl+v'조차 알지 못했다. 성과 자료를 매일 엑셀에 정리해야 하는데 이제껏 한 번도 엑셀을 사용한 적이 없으니 저 우주 밖 별세상에 홀로 떨어진 느낌이었다. 그렇다고 사무실 직원들에게 '저 엑셀 한 번도 사용한 적이 없어서…. 이것부터 가르쳐주실래요?'라고 말할 수도 없는 노릇이었다.

공문, 엑셀 서류 만드는 법부터 과장님, 계장님에게 결재받는 방법, 일일보고서까지 모든 게 난생처음이었다. 게다가 전날 들어온 가정폭력 피해자에게 일일이 전화 모니터링을 해서 그들에게 필요한 지원을 파악, 상담해야 했고 경찰서에 직접 찾아오는 가정폭력 피해자들까지 상담해야 했다. 하루 평균 13~17건의 112신고 건이 있었고 사무실에 직접 찾아오는 가정폭력 상담자들만 3~4명이었다.

처음에는 방문상담자들과 이야기를 하다 보면 서너 시간이 훌쩍 지나가 있었다. 방문상담자 대부분이 여성인 경우가 많은데 어디 가서 자신의 이야기를 꺼내지 못하니 나와 이야기 물꼬를 트기 시작하면 '제가 30년 전 결혼생활을 시작했을 때부터 남편의 폭력이 시작됐어요…'를 시작으로 30년 동안 산 이야기를 하기 시작했다.

당연히 30년 인생 이야기를 하다 보니 3시간도 턱없이 부족했다. 컴맹에 내근 업무도 난생처음인 나에게는 하루하루가 전쟁이었다.

어떤 날은 엑셀 파일을 정리하는데 계산이 맞지 않았다. 간단한 단축키조차 쓸 줄 몰라 일일이 엑셀 파일에 입력하다 보니 자꾸만 계산이 맞질 않았다. 시계를 보니 새벽 1시였다. 주위를 둘러보니 사무실에는 나뿐이었다. 내가 이 정도로 일머리가 없었단 말인가…. 겨우 업무를 끝내고 사무실을 탈출했다. 집으로 가는 길에 반짝거리는 별들이 나를 바라보고 있었다. 문득 자괴감이 들었다. 이대로 가다간 내가 먼저 죽어 나갈 것만 같다는 생각이 들었다.

그렇게 정신없이 일주일이 어찌어찌 지나갔고 그토록 기다리던 전임자가 인수인계를 해주었는데 30분도 채 되지 않아 끝나버렸다. 전임자가 "궁금한 거 있어요?"라고 물었다. '궁금한 거???' 대체 뭘 알아야 궁금한 거라도 있지…. 인수인계를 받고 나서 내 머릿속은 더욱더 아수라장이 되었다. 과연 이 업무는 내가 감당할 수 있는 업무인가? 전화 모니터링에 상담만 해도 하루가 훌쩍 가버리는데….

내가 살기 위해서는 무조건 해결책을 찾아야만 했다. 문득 과장님께서 이전에 계셨던 경찰서의 가정폭력 담당 직원을 찾아가야겠다는 생각이 번쩍 들었다. 우선 그 직원에게 직접 찾아뵙고 일을 배우고 싶다고 연락을 드렸더니 흔쾌히 승낙을 했다. 계장님께 "제가 부족해서 도저히 업무를 따라갈 수 없어서 저희 과장님께서 전에 계셨던 경찰서 직원에게 일을 좀 배우고 싶은데 다녀와도 될까요?"라고 용기를 내어 말씀을 드렸다. 예상외로 계장님께서는 무척이나 좋아하시며 얼른 다녀오라고 하셨다.

서초에 있는 경찰서에 도착하였다. 바쁜 직원을 붙들고 시간을 뺏는 건 아닌가 하는 미안한 마음에 괜스레 주눅이 들었다. 하지만 나에게는 다른 선택지가 없었다. 인상이 무척 좋아 보이는 여경께서 무척이나 친절하게 업무를 알려주시고 모든 양식을 뽑아 자세히 설명해주셨다. 그제야 업무가 어떻게 돌아가는지 알 것 같았다.

그렇게 한 달 동안을 여청 지박령이 되어 매일 밤 11시까지 가정폭력 업무와 씨름을 했다. 모르는 한글, 엑셀 단축키가 있을 때마다 포스트잇에 써두었다. 그리고는 가장 잘 보이는 컴퓨터 모니터 밑에 붙여두었다. 아는 것보다 모르는 것 투성이라 어느새 모니터 밑에는 단축키를 가득 써둔 포스트잇이 빽빽이 들어찼다.

그런데 업무를 할수록 미로에 빠진 듯했다. 더욱 심각한 건 나에게 일머리 자체가 없다는 점이었다. 머리가 나쁘면 손발이 고생한다고, 정말 딱 그 꼴이었다. 자괴감에 빠져 눈물로 지새운 적이 한두 번이 아니었다. 지구대에서 차라리 술 취한 아저씨들과 싸우는 게 백배 마음이 편했다. (나의 파이터 기질로 보면 지구대가 적성에 더 맞는지도.)

그렇게 두세 달이 지났고 조금씩 업무에 익숙해졌다. 전화 모니터링도 요령이 생겨 1~2시간 정도면 끝을 냈고 방문상담자도 30분 이내로 상담을 끝냈다. 계장, 과장님이 가정폭력 업무가 워낙 많다는 것을 아시고는 두 명 증원을 해주셨다. 드디어 내 밑에 '새끼 가폭담당'이 생긴 것이다. 그제야 숨구멍이 트인 듯했다.

　업무에 익숙해질 때쯤 그녀를 만나게 되었다. 3급 정도의 지적장애가 있는 그녀를 처음 만난 것은 병원 응급실이었다. 남편을 피해 맨발로 도망을 나왔다가 남편에게 머리채를 잡히고 말았다. 남편은 그녀의 머리채를 시멘트 바닥에 수십 차례 내리꽂았다. 그녀는 정신을 잃어 저항도 할 수 없는 상태가 되었다. 지나가던 행인이 그 장면을 보고 신고를 했던 것이고 그녀는 겨우 목숨만 건진 상태로 응급실로 오게 되었다. 사람 목숨은 하늘만 안다는 것이 맞는 말인지, 의사가 살기 어렵겠다고 말했지만 그녀는 입원한 지 일주일 만에 눈을 떴다.

　이전 신고 이력이 몇 번 있었는데 그녀가 직접 신고한 적은 없었다. 신고자는 모두 주위 이웃이나 행인이었다.

　얼마 뒤 그 이유를 알 수 있었다. 그녀는 자신을 그 지경으로 만든 남편을 좋은 사람이라고 두둔하며 처벌하기를 거부했다. 남편 또한 겉으로 보기엔 잘못을 상당히 뉘우치는 듯해 보였다. 우리 경찰서 여성청소년수사팀에서 구속영장을 신청하였지만, 피해자를 돌볼 사람이 가해자인 남편뿐이라는 이유로 법원기각이 되었다.

　그녀와 남편은 다시 함께 있게 되었다. 그녀의 남편은 전부인에 대한 살인미수 범죄 경력과 다수의 폭력 전과까지 있던 터라 그녀와 남편이 함께 있는 것은 위험했다. 나는 그녀를 지켜주고 싶었다.

　내가 매일 노력한다면 진흙탕 속에 있는 그녀를 구할 수 있을 거라고 생각했다. 그래서 나는 매일 그녀의 집으로 출근했다. 우선 그녀와 공감대를 형성하는 것이 가장 중요했다. 그동안 매일 해왔던 피해자 상담에서 하루 몇 시간씩 들은 피해자들 이야기가 그녀와 공감대를 형성하는 데 무척이나 도움이 되었다.

장애 판정과 기초생활수급자라는 편견에 사로잡혀 나는 그녀가 어두운 사람일 것으로 생각했다. 하지만 그녀는 누구보다 밝고 맑은 사람이었다.

그녀의 남편을 처음 본 것은 그녀의 집 근처 된장찌개를 파는 식당이었다. 무지막지한 인상일 것이라 상상했던 남편은 개미 한 마리도 못 죽일 사람으로 보였다.

"안녕하세요, 저는 관악경찰서에서 온 이소연 경장입니다. 이야기 좀 나누려고요."

그 남편에게 떨리는 마음으로 처음 말을 건넸다. 된장찌개를 한 숟가락 떠서 입에 넣으려던 그가 나를 보고 환하게 웃으며 "아, 네, 제가 식사를 하고 있어서 다 끝나고 이야기할 수 있을까요?"라고 대답했다.

남편이 식사를 끝내고 돌아올 때까지 그녀와 함께 집에서 기다리기로 하였다. 집 안은 정리가 깨끗이 되어 있었지만, 어디에서 나오는지 모를 특유의 냄새가 코를 자극했다. 불쾌한 냄새였다.

나는 그녀에게 "요새는 남편 어떤가요? 욕을 한다거나 나쁜 행동을 한 적 없나요?"라고 물었다. 그녀는 "내 잘못 때문에 한순간 우리 남편이 실수한 것이지 정말 좋은 사람입니다"라고 말했다. 남편의 폭행 때문에 죽음의 문턱까지 갔단 온 그녀는 아직도 '우리 남편'

을 두둔하고 있었다.

 잠시 후 남편이 돌아왔다. 세상 사이 좋은 부부처럼 "저희 지금은 잘 지내고 있고 앞으로는 절대로 그런 일 없을 겁니다. 걱정하지 마세요"라며 마치 둘이 입을 맞춘 듯이 이야기를 했다. 15분가량 대화를 나눈 후 헤어졌다.

 이상하리만치 행복해 보이는 부부의 모습이 마음에 걸렸다. 그녀를 매일 만나야겠다는 생각이 들었다. 나는 과하다 싶을 정도로 그녀를 매일 찾아가서 상태를 살폈다. 쌀, 라면 같은 생필품을 주면서 방문하기도 하고 꽈배기 한 봉지를 사서 "이거 드리려고요"라는 핑계를 대며 만나기도 하였다. 퇴근 후에도 그녀가 걱정이 되었다. 어느덧 그녀는 나의 일상이 되었다.

 그렇게 한 달쯤 지났을 때 그녀가 처음으로 나에게 전화를 해서는 이렇게 말했다. "형사님, 이제 남편하고는 도저히 못 살겠어요. 처벌해주세요. 저 또 맞았어요."

 남편의 폭행을 옹호하던 그녀가 드디어 처음으로 신고를 한 것이다. 여성청소년수사팀과 함께 그녀가 있는 곳으로 갔다. 그녀가 보였다. 처음 본 그날처럼 그녀는 환한 미소를 보이며 손을 흔들어댔다. 그녀를 차에 태우자 울먹이는 목소리로 말했다. "이제 더 이상 남편하고 못 살겠어요. 어떻게 좀 해주세요." 그녀가 먼저 도움을 요청한 사실이 기뻤다. 이제는 그녀를 정말 그 진흙탕에서 구해줄 수 있겠다는 생각이 들었다.

일단 남편과의 분리조치가 시급했다. 지난번 남편의 폭행으로 인한 뇌출혈 때문에 매일 약을 먹어야 하기에 약을 구하는 문제가 가장 시급했다. 혹여나 집으로 다시 돌아갔다간 남편과 마주칠 가능성이 상당하기에 그녀가 다니던 병원에 들러 의사에게 사정을 말하고 처방전을 급하게 받았다. 그녀는 아무것도 챙겨 오지 못했다. 지갑도 없어서 내가 먼저 약값을 지급하고 약국에서 약을 받아 왔다.

그녀를 1366센터로 인계하고, 여청수사팀에서 가정폭력 사건접수를 하고 수사를 시작했다. 1366센터에서는 하루 정도 센터에서 피해자를 머물게끔 하고 단기 또는 장기적으로 숙소가 필요할 시에 다른 보호센터로 보내고 있었다. 피해자가 머무는 임시숙소는 경찰관에게도 알려주지 않는다. 보통 센터에서는 일정 기간 휴대전화 사용도 금지한다. 가해자가 찾아오는 피해를 막기 위해서였다.

보통의 경우는 그러한데 그녀의 경우는 달랐다. 지적장애가 있는 피해 여성은 일반적인 보호센터에서 받아주지 않는다고 했다. 보호자나 케어해 줄 수 있는 사람이 있다면 사정이 달라지지만, 센터 내에서는 장애 여성을 케어해 줄 수가 없어 장애가 있는 여성 노숙자들이 모인 센터로 갔다는 것이다.

나는 여청수사팀과 함께 그녀를 만나러 갔다. 그곳은 휴대전화를 자유롭게 쓸 수 있었고 남편뿐만 아니라 누구라도 쉽게 방문할 수 있는 곳이었다. 그곳에는 그녀보다 장애 정도가 심한 여성들이 많았다. 그녀는 그동안 남편과 통화를 했고 남편이 진심으로 용서를 빌고 있다고 했다. 그리고 여기에 있기 싫다는 말을 반복했다.

어느새 마음이 변한 그녀는 피해 진술하기를 꺼렸다. 겨우 진술조서를 받고 사무실로 돌아갔다.

여청수사팀에서 남편에 대한 구속영장을 신청했다. 검찰 측에서 다행히 영장청구를 하였다. 그런데 그사이 남편이 그녀를 찾아왔고 함께 집으로 돌아갔다는 소식을 들었다. 시간이 없었다. 영장실질심사를 위해 그녀와 분리조치를 했다. 그녀는 그때부터 끊임없이 나에게 전화를 해대며 "내 남편 어디 갔어요? 내가 괜찮다는데 왜 경찰관이 마음대로 데리고 가!!!, 어딨는지 빨리 알려줘, 당장 데리고 오란 말이야"라고 소리를 질러댔다. '내가 그동안 했던 일은 뭐지?' 회의감이 밀려왔다.

법원은 남편이 진정으로 반성을 하고 그녀가 처벌을 원하지 않는다는 이유로 영장을 기각했다. 그 뒤로 두 번 구속영장 신청을 했지만, 법원에서 같은 이유로 모두 기각을 했다.

결국 그녀는 그토록 원하던 남편의 품으로 돌아갔다. 나는 다시 그녀를 찾아갔다. 그날따라 새파란 하늘과 하얀색 구름이 대조되어 하늘에서 빛이 나는 느낌이었다. 온 세상이 하늘 덕분에 하얗게 빛나고 있었다. 놀이터에서 그네를 타고 있던 그녀의 모습도 하얗게 빛나고 있었다.

그녀는 하늘처럼 환한 웃음을 지으며 말했다. "형사님 덕분에 너무 감사합니데이. 남편하고는 잘 지내니까 이제 걱정하지 마소, 알겠지예? 하하하." 처음 듣는 그녀의 웃음소리에 마음이 뭉클해졌다.

그 뒤 일주일에 한 번 정도 안부를 묻기 위해 전화를 했지만, 통화연결음만 들릴 뿐 그녀의 목소리를 들을 수 없었다. 며칠 후 문득 그녀 생각이 났다. 전화를 걸었는데 이번엔 전화기가 꺼져 있었다. '왜 꺼져 있지?' 하며 궁금해하는 중에 형사과에서 전화가 왔다.

변사체 신고였다. 아닐 거야, 설마…. 불안한 예감은 한 번도 틀린 적이 없다고 했던가. 변사체는 그녀와 남편이었다. 최초 현장에서 발견된 그녀의 얼굴은 형체를 알아볼 수 없을 정도였다. 그녀는 그토록 사랑했던 우리 남편에게 얼굴을 수십 차례 맞아 결국 죽음에 이르렀고 남편은 자살을 선택했다.

치아가 약한 부인이 하지 말라고 했는데도 오징어를 씹는다, 봉지째 상추를 상 위에 올려놓았다…. 남편이 그녀를 죽음에까지 몰아갈 정도로 때린 대단한 이유였다.

이 사건은 일주일 뒤 언론에 도배되다시피 했다. 처음 겪는 일이었다. 내가 담당한 피해자가 사망하는 일도, 언론에 대서특필된 일도. 가정폭력 업무를 한 지 5개월 만의 일이었다.

보통 언론에서는 이런 일이 생기면 책임 소재를 따진다. 책임 대상 1순위는 대부분 경찰이다. 하지만 이번 경우는 달랐다. 두 차례 구속영장 청구를 기각한 법원에 화살이 돌아갔다(총 3차례 구속영장 청구를 하였고 마지막 영장청구는 영장실질심사를 기다리던 중이었음).

모든 게 내 잘못 같았다. 내가 조금만 더 신경을 썼더라면, 내가 한 번만 더 그녀를 찾아갔다면 그녀를 살릴 수 있지 않았을까? 그녀를 지켜주지 못했다는 죄책감이 계속되었고 꿈에도 그녀가 나왔다. 꿈에서 본 그녀는 아무 말도 하지 않은 채 나를 보고 환하게 웃고만 있었다.

그녀가 죽던 날, 나는 반쪽짜리 경찰관이 된 느낌이었다. 그 반쪽을 채우기 위해서 반드시 수사업무를 배워야겠다는 생각이 들었다. 그래서 그녀 같은 사람들을 도와주고 법적으로 보호해주는 진짜 경찰관이 되기로 다짐했다.

오늘같이 햇살이 밝은 날에는 놀이터에서 마지막으로 그녀를 만났던 날이 기억난다. 그네를 타며 누구보다도 환하게 웃고 있던 그녀를 떠올리며 그녀에게 이런 말을 하고 싶다.

하늘에서는 어떤 괴롭힘도 없이 행복하게 살기를 바랍니다. 미안합니다. 지켜주지 못해서….

부산경찰청 마약범죄수사대 경사.
32살 늦은 나이에 입직하여 '사회적 약자에게는 약자의 눈높이로 친절하게 대하고, 강력범죄를 저지른 '범죄자' 앞에서는 강력하고도 집요한 수사로 반드시 검거한다는 소신으로 일하고 있다. 마흔이 넘은 나이에 아이 엄마가 되어서도 작가의 꿈과 경찰다운 경찰이 되기 위해 매 순간 최선을 다하고 있다.

3장

가만히 있지 않아야 세상이 달라진다

가해자인가
피해자인가

박송희

    그 아이를 기억할 때면 어릴 적 즐겨 부르던 동요 〈클레멘타인〉이 떠오른다.

넓고 넓은 바닷가에 오막살이 집 한 채
고기 잡는 아버지와 철모르는 딸 있네
내 사랑아 내 사랑아 나의 사랑 클레멘타인
늙은 아비 홀로 두고 영영 어딜 갔느냐

    성폭력특별수사대에 근무할 때였다. 그 아이는 성폭력 사건에 연루되어 아버지와 함께 사무실을 방문했다. 일주일 전 다른 성폭력 사건으로 조사를 받고 귀가한 뒤 또다시 여섯 살 남자아이를 강제

추행해 잡혀 온 상황이었다.

  당시 열한 살이던 그 아이는 내 키를 훌쩍 넘을 정도로 키가 큰 편이었고, 피부는 하얗고 눈망울은 까맸다. 조사를 받는 동안 아이의 얼굴에는 일체 표정 변화가 없었고, 옆에 앉아 있던 아버지만 사색이 되어 있었다. 의자에 삐딱하게 앉아 고개를 숙이고 다리를 연신 떨어대는 그 아이에게 수사관이 똑바로 앉으라고 말했다. 아이는 고개를 한 번 들어 수사관을 쓱 쳐다볼 뿐 삐딱한 자세를 바꾸지도, 고개를 들지도 않은 채 무표정하게 앉아 있었다. 아이의 아버지가 연신 고개를 조아리며 얼굴이 벌게져서 아이의 자세를 고쳐주곤 했다. 진술녹화실에서 아이가 조사받는 동안 나는 아버지와 면담을 했다. 그제야 아이의 행동이 이해가 되기 시작하였다.

  아이의 부모는 아이가 어렸을 때 외국에서 유학원을 개업하여 함께 운영했다. 유학원은 번창했고 돈도 많이 벌었다. 외동아들이었던 그 아이는 초등 5학년 때 국제 영어시험에서 800점을 획득할 정도로 '영어 신동'으로 불리면서 부모의 기대를 한 몸에 받았다. 행복은 거기까지였다.

  부모가 이런저런 불화로 이혼을 하게 되면서 아이는 한국에 계시는 조부모 집으로 홀로 보내졌다. 아이를 시골 부모님 댁에 맡기고 출국해야 하는 아버지는 미안한 마음에 최신 기종의 스마트폰을 선물로 남겨 주고 떠났다.

  초등학교 대부분을 외국에서 보낸 탓에 아이는 함께 놀 친구가 별로 없었다. 영어는 잘하지만 우리말이 어눌한 탓도 있었다. 아이의 외로움을 달래줄 친구는 스마트폰뿐이었다. 최신 스마트폰을 가지고 다니는 아이에게 같은 반 남학생들이 몰려와서 재미있는 것을 보여주겠다며 말을 걸어왔다. 성착취물 공유 사이트였다.

"그냥 거기서 봤던 걸 한번 해보고 싶었어요."

아이는 고개를 숙인 채 무덤덤하게 말했다. 남자 수사관은 탄식의 한숨을 내쉬었다. 아버지와 면담을 마치고 돌아온 나는 아이에게 이렇게 말했다.

"○○야. 저기로 가서 경찰 아줌마랑 얘기 좀 할래?"

나는 아이를 조용한 방으로 데리고 가서 나보다 키가 훨씬 큰 아이를 살포시 안고 등을 다독거려 주었다.

"괜찮아. 네 잘못만이 아니야. 괜찮아. 얼마든지 좋아질 수 있어. 괜찮아. 괜찮아."

"……"

"○○야, 나한테 아들이 둘 있거든. 형은 너보다 한 살이 많고 동생은 너보다 한 살 적어. 그러니까 네가 딱 중간이네. 네가 아줌마의 중간아들 할래? 내가 네 경찰엄마 해줄게. 경찰엄마 어때? 괜찮지?"

남자 수사관의 다그침에도 무표정했던 아이가, 나보다 덩치가 훨씬 큰 그 아이가, 닭똥 같은 눈물을 흘린다. '엄마'라는 단어 하나에 모든 게 무너져버린 듯 엉엉 소리까지 내면서 아이는 어미 잃은 어린 새처럼 구슬피 운다.

"우리 중간아들이 엄마하고 한 가지만 약속해줘. 다시는 이런 행동하지 않기로 약속하자. 네가 동영상에서 본 것을 다른 사람에게 흉내 내서 한 행동은 아주 나쁜 거야. 절대로 다시는 그렇게 하면 안 돼. 당한 친구들도 정말 많이 아프게 하고, 너의 영혼도 못 쓰게 만드는 아주 나쁜 범죄야. 하지만 좋아질 수 있어. 지금부터 노력하면 돼."

우리는 약속을 했다. 다시는 그러지 않기로, 일주일에 한 번씩 약속을 잘 지켰는지 경찰엄마랑 통화하기로, 또 가끔 만나 떡볶이도 먹자고. 엄마보다 덩치가 큰 중간아들은 눈물을 그친 뒤 천진난만한 표정으로 낯선 엄마랑 새끼손가락을 걸었다. 그렇게 나와 그 아이의 인연은 시작이 되었다. 그리고 동시에 끝이 나 버렸다.

2차 조사를 마치고 집으로 돌아간 아이는 사흘 뒤에 영영 돌아올 수 없는 곳으로 떠났다. 아이의 행동을 비관한 친할아버지가 하늘나라로 아이를 함께 데리고 가버렸기 때문이다. 할아버지의 유언장에는 다음과 같이 쓰여 있었다.

"내 하나뿐인 아들이, 이놈 손주 때문에 괴로워하는 것을 더 이상 볼 수가 없습니다. 나는 살 만큼 살았고, 이놈만 없으면 하나뿐인 내 아들은 맘 편히 살 수 있을 거 같아 내가 먼저 데려갑니다. 죄송합니다."

엄마가 되어주기로 해놓고선, 전화 통화 한 번도 하지 못하고 떡볶이 한 번 먹여주지 못한 채 아이를 떠나보낸 뒤 나는 허망한 죄책감에 한참 동안 괴로웠다. 시간이 흘러 중간아들의 기억이 흐릿해져 갈 즈음, 그 청년을 만났다. 아니, 정확하게는 수사보고서를 통해 지면으로 만났다.

스물한 살 대학생이었던 청년은 학원 건물에서 여학생을 성폭행한 혐의로 구속되어 경찰서 유치장에 수감 중이었다. 수사 기록을 검토해보니 청년은 이미 12세 때 사건 처리된 전력이 있었다. 당시에도 성 관련 범죄였으나 촉법소년(형사 미성년자로 범죄를 저지른 10~13세 소년)인 관계로 소년보호사건으로 가정법원에 송치되었고, 법원 처분은 1호인 "보호자 감호위탁"으로 기록되어 있었다.

이 지점에서 한 가지 의문이 생겼다. 법원의 보호처분이 보호자 감호위탁이라면 한마디로 판사가 부모에게 "자식 교육 똑바로 시켜라"라고 명령하고, 다른 공적 개입을 자제한 것이다. 그렇다면 그 부모는 어떤 방식으로 이 청년의 문제적 행동을 해결했을까? 청년은 9년 전 문제가 발생했을 때 어떤 경험을 통해 자신의 행동을 어떻게 인식하였을까? 어떤 과정을 거쳐 성장했길래 문제행동이 교정되지 못하고 또다시 발현되었을까? 처음 문제가 생겼을 때 부모나 사회로부터 제대로 된 개입을 받지 못해서 결국 이렇게 된 건 아닐까? 생각이 꼬리에 꼬리를 물었다.

나의 중간아들도 첫 번째 성폭행을 저질렀을 때 경찰관서에 출석해서 조사받은 것 이외에는 문제행동에 대한 전문적인 상담이나 교정치료 기회가 전혀 없었다. 물론 보호자가 평상시에 자녀의 성 문제에 대한 문제의식을 충분히 갖고 있어서, 이런 상황을 접했을 때 냉정하고 꼼꼼하게 접근할 수 있는 여력이 있다면 얘기가 달라진다.

그러나 대부분의 보호자는 자신의 자녀가 성폭력을 저질렀다는 사실을 아는 순간 매우 당황하고 충격을 받아 허둥대기 마련이다. 단순히 자녀를 무성적(無性的) 존재로만 인식하고 있던 부모 입장에서 자녀의 일탈 행동은 쉽게 믿을 수도 없고 받아들이지도 못한다.

 중간아들의 아버지나 할아버지 역시 어린 자식의 문제행동을 이해하고 교정하기 위한 인식과 정보가 부족해서 2차 가해 행동을 막을 수 없었을 것이다. 해결책이 없다고 절망한 나머지 극단적인 선택을 했고, 결국 한 가정이 풍비박산 난 것이다. 생각이 여기에 이르자 마음이 급해졌다. 그 청년을 직접 만나 면담해보기로 결심했다.

 경찰서 유치장에 수감되어 있던 청년이 교도소로 이감된 후 2개월 정도 지난 때였다. 면회 신청을 위해 교도소를 찾아갔으나 수형자 명부에서 그 청년을 찾을 수 없었다. 접수창구를 통해 전산 조회상 그런 사람이 없다고 몇 번을 확인하고, 관련 부서와 연결된 후에야 이미 3주 전에 사망 처리되었음을 알게 되었다.

 아!! 이번에도 한발 늦었구나. 살릴 수 있었는데, 살릴 수 있었는데… 만나서 "네 잘못만은 아니다"라고 얘기해주고 싶었는데….

 교도소를 다녀온 며칠 뒤에야 청년의 부모를 만나고 돌아온 담당 수사관으로부터 청년에 관한 소식을 들을 수 있었다. 청년은 면회 오지 않는 부모님을 하염없이 기다리다 교도소에서 극단적 선택을 했고, 부모는 아들의 시신을 부여잡고 울면서 때늦은 후회를 했다고 한다. 세상에 용서를 구하는 심정으로 아들의 장기를 기증했다는 말도 전해 들었다.

나는 '국가의 이름으로 엄마'가 되어주기로 약속했었다. 초고속 인터넷망과 최신 스마트폰의 최다 보급, IT 강국이라는 명예로운 타이틀 뒤에 숨어 있는 어른들의 일그러진 성 문화. 가정의 위기와 해체로 마음 주고 기댈 곳은 오로지 스마트폰밖에 없는 아이들.

비정상적 콘텐츠의 늪에 빠져 잘못된 행동이라는 것을 미처 깨닫기도 전에, '경찰 엄마'를 엄마라고 한 번도 불러보지 못한 채 세상을 떠나버린 그 아이. 그리고 대학생이 되어 꿈을 채 펼쳐보지도 못하고 하늘나라로 간 한 청년.

누가 성폭력 가해자이고 누가 성폭력 피해자인가.

이 글은 미처 피어보지도 못하고 생을 마감한 어린 생명들을 위한 만가(挽歌)이다. '국가의 이름으로 제대로 된 엄마'가 되어주지 못한 잘못을 이제야 고백한다. 정신보다 몸이 먼저 크는 아이들의 절실한 성 문제에 관심을 갖지 못한 데 대한 반성이다.

경찰청 통계에 따르면 작년 한 해 성범죄 촉법소년은 10년간 157퍼센트 증가하였다. 소년법원으로 송치된 성폭력 촉법소년이 어떤 보호처분을 받았는지 죄명별 통계와 보호처분 종류를 확인하고자 했으나, 실태를 알 수 없었다.

현행 「소년법」상 인지행동치료 교육을 위한 법원의 수강 명령은 12세와 13세만을 대상으로 이루어지고 있어, 10세와 11세 촉법소년은 애초에 교육 기회조차 얻지 못하는 법적·제도적 사각지대에 있다. 행동치료 교육 대상자 또한 연간 발생하는 성폭력 촉법소년 숫자의 10퍼센트 수준에 해당하는 미미한 수준이며, 이마저도 공식적인 통계가 없어 여러 자료를 통해 유추 해석할 수 있을 뿐이다.

성폭력 가해 아동이 10세 미만인 경우 공적 개입을 할 수 있는 법적·제도적 근거가 전혀 없는 관계로 전적으로 부모의 양육에 의존할 수밖에 없다. 부모들은 자녀에게 직접 성교육을 시키는 것에 부담을 느낀다. 특히 남자 아동을 둔 경우 성폭력 예방의 필요성을 간과하는 경향이 있다. "내 몸 사용법"에 대해 부모가 개념이 서 있지 않은 경우가 대부분이기 때문이다.

나아가 사회의 잘못된 성 인식과 성범죄에 대한 무지는 성폭력 피해와 가해에 영향을 미친다. 특히 우리 사회에는 성폭력을 '남성다움'으로 정당화하고 오히려 피해자를 비난하는 분위기가 여전히 잔존하고 있다. 성폭력 가해 아동이 성인 범죄자로 진화하기 전에 보호자와 국가의 적극적인 개입이 필요하다.

개입도 타이밍이 매우 중요하다. 특히 나이 어린 아동일수록 사건 초기에 개입하지 않으면 행동을 교정할 수 있는 기회를 놓칠 수 있다. 통상 4~5개월 걸리는 법원의 처분만을 기다린다는 것은 하루하루 콩나물 자라듯 자라나는 아이들에겐 너무 긴 시간이다. 사건의 본질은 흐려지고 자신의 문제행동에 대한 반성과 올바른 성평등 감수성 함양은 점점 멀어져 간다.

현장에서 답답한 것은 경찰 단계에서는 조사 이외에 할 수 있는 법적 권한과 예산이 없다는 점이다. 가족 문제로만 방치하기에는 아동의 성 문제는 그 원인과 해결책이 너무 광범위하고 복잡하다.

이런 고민을 계속하던 중 올해 광주광역시와의 협업을 통해 적은 돈이나마 경찰 단계에서 성범죄 가해 아동과 그 가족을 위한 예산사업 마련에 성공하였다. 사건 초기 경찰 조사단계에서부터 수사와는 별도로 성폭력 가해 아동을 대상으로 인지행동 교정 프로그램과 부모상담사업을 진행하게 되었다. 시범 운영한 지 한 달이 채 되지 않아 벌써 세 가정, 6명에 대한 공적 개입을 통해 일상으로의 회복을 돕고 있다.

　중간아들을 허망하게 떠나보낸 뒤 만시지탄(晩時之歎)하며 주저앉아 있기엔 경찰관으로서 주어진 시간이 많지 않다. 지금 이 시간에도 많은 아동·청소년이 국가와 보호자가 부재한 공간에서 다시는 돌아올 수 없는 길을 가고 있다. 이런 아이들을 향해 우리는 언제까지 "가해자", "범죄자"라고 낙인찍고 손가락질만 하고 있을 것인가. 정작 가해자는 당신과 나, 그리고 국가가 아닌지 되묻고 싶다.

광주경찰청 여성청소년과 총경.
2011년도부터 총경 승진하던 2021년까지 여성청소년 분야에서 근무했다. 2013년 〈가정폭력 피해자 권리고지서〉를 창안, 전국 최초로 시행하였으며, 현재는 가정폭력 현장에서 당연한 근무수칙으로 정착되었다. 이 제도를 통해 현장 경찰관들이 가정폭력에 대해 피해자 보호 중심으로 대응하도록 패러다임을 전환하게 만들었다는 점에 큰 자부심을 갖고 있다.

익숙함에
익숙해지지 않기를

이종석

 2024년 여름 그날, 또 가정폭력 112신고가 떨어졌다. 신월1파출소에 전입한 지 1년도 되지 않았건만, 벌써 수차례 신고가 반복되고 있는 집이었다. 20대 젊은 부부가 두 살 정도 된 딸을 키우면서, 툭하면 폭행 당하고 욕을 들었다며 서로 피해 신고를 해왔고, 현장에 출동하면 둘 중 한 명은 술에 취해 있었다. 두 사람은 신고를 받고 출동한 경찰관에게 신고 내용을 제대로 설명하지 않으면서 상대방을 "처리해달라, 내보내달라"고 요구했다. 심지어는 경찰관에게 언성을 높이며 일을 제대로 처리해주지 않는다고 따지며 대드는 경우도 많았다.

 출동한 73호가 시간이 지체되는 것 같아 지원을 나갔다. 현관문 밖으로 경찰관에게 따지는 고함소리가 들려왔다. 집 안은 부서진 물건과 술병, 음식물로 난장판이 되어 있었다. 술에 취한 젊은 부부는 먼저 출동한 경찰관들에게 고함을 지르며, 제대로 진술도 하지 않고는 경찰관들이 알아서 처리하라는 주장만 하고 있었다. 그 와중에 두 살배기 아이가 눈에 띄었다. 부부싸움의 전쟁터 한가운데 앉아 있던 아이는 놀라서 울기는커녕 처음 보는 내게 안아달라고 손을 내밀며 방긋방긋 웃고 있었다.

천진난만한 아이의 모습에 갑자기 눈물이 나오려 하며 분노가 치밀었다. '저 어린아이가 얼마나 싸우는 소리에 익숙해져 있으면 놀라서 울지도 않고, 얼마나 따스하게 안아주는 사람의 품이 그리웠으면 낯선 사람인 내게 손을 내밀까?' 이런 생각과 함께 그동안 부부가 경찰관들에게 해온 행태까지 겹쳐 결국 부부에게 소리를 지르고 말았다.

"싸움에 대해서 경찰관에게 제대로 이야기를 하세요. 아니면 아동학대와 관련된 법 절차를 진행할 테니 변명을 해보시죠! 출동한 경찰관들에게 부부로서, 부모로서 서로 고민하고 해결해야 할 문제까지 떠넘기려는 것도 모자라 신고를 하고도 경찰에게 대들고 하는데, 자꾸 그러면 공무집행방해 행위를 검토해보고 절차를 진행할 테니 계속해보세요!"

그러지 말아야 했는지도 모르겠지만, 그날은 극악한 환경에 적응하고 있는 아이의 모습을 보고 그동안 참았던 분노를 표출하고야 말았다. 뒤늦게 나타난 경찰관의 강경한 태도에 주춤하던 부부는 그제야 신고한 이유를 설명해주었다.

가정폭력 관련 법률에 따라 응급조치를 하면서, 두 사람이 함께 있으면 다툼이 계속될 것이 우려되어 두 사람을 분리할 필요가 있다고 판단했다. 가해자를 피해자로부터 분리시키고 접근하지 못하도록 긴급임시조치 대상자를 집에서 내보내는 조치를 하려는데 문제가 발생했다.

어린아이를 내팽개쳐 두고 싸우던 부부가 갑자기 아이를 끔찍이도 사랑하는 부모로 변신하더니, 상대방이 아이를 잘 돌볼 것이라고 믿을 수 없으니 아이를 자신이 돌봐야 한다며 두 사람 모두 자신이 집에 있어야 한다고 우기기 시작했다. 그러면서 만약 집에서 나가야 된다면 자신이 아이를 데리고 나가야 한다고 억지를 부리기 시작한 것이다.

사실 가정폭력 신고 현장에서 긴급임시조치 결정을 하더라도 이를 위반하는 경우 과태료 부과 대상일 뿐, 집에서 나가지 않겠다는 가해자에게 강제력을 행사해서 집 밖으로 내보기는 상당한 부담으로 작용한다. 그럴 때마다 출동 경찰관은 상대를 달래서 이해시키거나 적정선의 강제력을 사용할 근거나 기회가 생길 때까지 현장에서 장시간 머물 수밖에 없다. 그렇다 보니 다른 112신고를 처리할 수 없는 치안 공백이 생기는 경우도 많다.

나는 난관에 부딪힌 동료들을 위해 다시 악역을 자처해야 할 때임을 직감했다. 두 사람 모두 가정폭력 가해자니 부부 모두 집에서 내보내고, 서로 100미터 내 접근을 금지할 테니 아예 200미터 밖에서 떨어져 지내고(지금 생각해봐도 웃기지만, 부부의 괘씸한 행동에 어이없는 협박(?)을 하게 되었다.), 통신을 통해서도 연락을 취하지 못하도록 조치할 것이라고 말했다. 이 경우 아이는 보호시설에 보낼 수밖에 없고 시설에 보내기 싫으면 양쪽 다 믿을 수 있는 제3의 보호자를 당장 부르라고 협박 아닌 협박을 했다. 운이 좋아서 결국 남편 쪽이 긴급임시조치 대상으로 집에서 나가기로 하고, 부부 모두를 폭행 가해자로 입건한 후, 아이는 외할머니에게 보내며 사건이 겨우 마무리됐다.

요즘 가정폭력 등 관계성 범죄 관련 신고를 받고 출동해 보면, 과거와 확연히 다른 점이 나타나고 있다. 출동한 경찰관들에게 모든 문제를 해결해달라고 요구하는 경우가 허다하다는 점이다. 제대로 진술조차 하지 않으면서 경찰관이 알아서 하라는 '안하무인'식 언행을 하는 경우가 대부분이고, 가족의 알콜중독, 정신질환 등 의학적인 치료 문제도 경찰관이 해결해달라는 말을 쉽게 하곤 한다. 심지어 자녀를 더 이상 키우고 싶지 않고 상대하기 싫으니 시설에 입소시켜달라는 말을 서슴지 않고 내뱉는다.

더군다나 전문가나 언론 등에서, 마치 경찰관이 적극적인 대처를 하지 않아 범죄가 심각한 양상으로 확대되고 있는 것처럼 이야기하다 보니, 경찰관이 적극 대처만 하면 모든 문제가 해결될 것처럼 믿는 시민이 많다. 실제로 신고 현장에서도 경찰관이 자신들의 모든 문제를 해결해줄 권한이나 재량, 무한대의 능력을 가진 것처럼 오해하는 경우가 점점 더 늘어나고 있다.

그러나 전문가나 언론도 이미 알고 있을 것이다. 경찰을 비판하는 것은 가장 손쉽게 비난 대상을 찾아 책임을 회피하는 방법일 뿐, 관련 문제를 해결하기 위해서는 사회 시스템의 뒷받침 없이는 불가능하다는 것을 말이다. 경제적 문제나 정신적 문제, 건강상의 문제, 종교 문제, 가치관의 문제 등 복합적으로 얽힌 문제를 경찰관이 모두 해결해줄 수는 없다. 대부분 언론에 대서특필되는 사건들은 근본 문제에 대한 대책이나 해결 없이 임시방편 조치가 반복되다가 발생하는 것이다. 앞에서 언급한 신고 역시 극히 운이 좋아 두 사람 모두 처벌 대상이라 그나마 내 협박이 통했지만 결국 임시방편밖에 되지 않는다.

어느샌가 밤과 새벽 시간이면 경찰만이 온 세상을 홀로 지탱하는 것이 당연시되었다. 112신고가 되더라도 관련 기관은 모두 문을 닫고 잠들어 있는 것이 현실이다. 그날도 마음 같아서는 부부 모두 정서적 아동학대와 관련된 조사를 받도록 절차를 진행하고 싶었다. 그렇게 되면 아이는 보호시설에 보내질 수밖에 없는데, 제대로 된 돌봄을 줄 수 있는 보호시설이 절대적으로 부족하고, 설령 보호시설에 가더라도 향후 아이가 그곳에서 지속적인 돌봄을 받을 수 있다는 보장도 없다.

남자든 여자든 생활 능력이 없는 피해자나 어린아이가 어쩔 수 없이 다시 가해자에게 의지하며 살 수밖에 없는 사회구조에서, 경찰관의 적극적인 조치가 앙금을 쌓게 하여 오히려 역효과를 발생시키는 경우도 허다하다. 신고 현장에서 이런 문제는 가정폭력, 아동학대, 교제폭력 범죄 등 소위 관계성 범죄 처리 때에 공통으로 나타난다. 경찰관이 적극적으로 대응할 수 있는 법을 만들었다고 하지만, 정작 그 법을 집행한 이후 피해자 등 관련자에게 필요한 지원이 뒷받침되는 사회적 기반 시스템이 부족한 관계로, 가해자든 피해자든 서로 앙금만 남은 채 함께 생활하고 다시 신고가 무한 반복되는 것이 현장 경찰관들이 겪는 딜레마이다.

심지어 치매 증상이 있는 가정폭력 가해자에 대해 긴급임시조치 결정을 하지 못하고, 오히려 억울해하는 피해자를 설득해 가해자와 분리시키면서 모든 원망과 욕설을 들어야 하는 경우도 있다. 그럴 때면 마치 블랙홀에 빠진 우주선처럼 빠져나올 수 없는 상황에 놓인 시민에게, 실제로는 미비점이 많은 법임에도 불구하고 관련 법 절차만 진행되면 마치 출구가 나오는 것처럼 거짓말을 하는 것 같은 심정이다.

그럼에도 불구하고, 경찰관들은 오늘도 출동을 한다. 그리고 현장에서 사회복지사도 아니면서 복지 지원을, 전문상담사도 아니면서 부부 문제를, 교사도 아니면서 학생의 진로를, 의사도 아니면서 정신적 문제와 알코올 중독 문제를 이야기한다. 현실과 동떨어진 법과 사회 시스템의 간극과 균열에 땜질 조치를 하고 있는 것이다. 마치 경찰관들끼리 언제 터질지도 모를 폭탄을 돌리듯이….

근본적인 문제 해결을 위해 대안을 만들고 개선하기보다, 문제에 대한 비난의 대상을 찾기에 급급하고, 비난 후 금방 잊어버리는 익숙함에 길든다면, 우리는 영원히 이 블랙홀에서 벗어나지 못할 것이다.

그래서 소망해본다. 사회도, 시민도, 경찰도 모두가 '오늘 하루도, 익숙함에 익숙해지지 않기를….'

서울양천경찰서 경감.
1999년 순경 입직 후 지역경찰과 외사계 등 현장에서만 근무했다. 사회적 약자, 소수자에게 관심이 많은 아웃사이더로 한국외국인노동자지원센터와 협업 〈인권보호상담실〉을 운영했고, 외국인노동자·다문화 가정 구성원의 인권보호 활동을 했다. 현재 구로구·양천구 내 소외층 아동·청소년 돌봄 시설인 지역아동센터, 발달장애인 시설과 협업하며 용돈 후원, 상담, 범죄예방교육 등을 진행하고 있다.

이것은
아동학대인가, 훈육인가

황세연

 오랜 기간, 나는 가정폭력·성범죄·스토킹, 아동학대 사건을 수사해왔다. 그중에서 아동학대만 전담한 지도 어느새 3년이라는 시간이 흘렀다.

 아동학대 수사는 다른 수사와 결이 다르다. 단순히 범행만이 아니라, 아동이 놓인 가정 상황과 분위기, 행위자와의 관계 등을 함께 읽어야 하기 때문이다. 또한 보이지 않는 상처의 이유를 살피고, 말로 다 하지 못한 진실을 읽어야 한다. 그래서 이 일은 언제나 복잡하고 어렵다.

 두세 살 미만이나 장애를 가진 아이의 경우는 더욱 그렇다. 범죄수사는 피해자의 말에서부터 시작되지만, 이 아이들은 말을 할 수 없다. 그래서 우리는 앞뒤 정황, 아동의 표정과 눈빛, 멍이 든 부위

등 남겨진 작은 흔적들 속에서 진실을 좇는다. 가정이라는 닫힌 공간에서, 목격자는 없고 '좋은 게 좋은 거'라며 입을 맞추는 어른들만 있을 뿐이다.

아이들은 본 대로, 들은 대로, 느낀 대로 말한다. 그 말엔 꾸밈도 악의도 없다. 그래서 때로는 장난스런 말 한마디, 행동 하나가 사건이 되기도 한다. 이런 사건이 있었다.

부모가 아이와 '인디언밥' 놀이를 하던 중, 손바닥으로 아이의 등을 몇 대 쳤다. 며칠 후 학교 상담 시간에 아이는 "엄마가 나를 때렸어요"라고 말했고, 그 말 한마디에 사건이 접수됐다. 아이에게는 앞뒤 사정을 설명할 능력이 부족했고, 어른들은 '맞았다'는 말에만 귀를 기울였다. 이런 사건일수록 수사 과정에서 더 세심하게 살펴봐야 한다.

아동학대와 훈육의 경계는 어디쯤일까. 말로는 구분이 쉬워 보이지만, 현실에서는 실타래처럼 얽혀 있다. 책상 위에 놓여 있는 사건들은 하나같이 닮은 듯하지만, 그 안을 들여다보면 그 경위와 처한 환경이 모두 다르다. 그래서 '학대'와 '훈육'을 쉽사리 단정 짓기 어렵다. 다만 분명한 건, 시대가 변하면서 훈육의 범위는 점점 좁아지고 있다는 사실이다. 이런 사건도 있었다.

초등학교 3학년 여자아이가 엄마 휴대폰을 변기 속에 던져 사용할 수 없게 만들었다. 그 사실을 알게 된 엄마는 순간 화가 치밀어 손바닥으로 딸의 등을 두세 대 때리고, 무릎을 꿇린 채 양팔을 15분 이상 들게 했다. 딸은 평소 휴대폰을 손에서 놓지 않았고, 엄마는 여러 번 경고했지만 달라지지 않았다. 결국 딸의 습관을 바로잡기 위해 휴대폰을 압수하자, 딸은 '나도 못 쓰니 엄마도 쓰면 안 돼'라는 생각에 변기에 던져 버린 것이다. "엄마가 나를 때리고 벌을 줬어요." 다음 날 딸은 학교 상담 교사에게 앞뒤 사정을 빼고 말했고, 그 한마디로 경찰에 신고되어 사건이 접수되었다.

조사실에서 엄마는 한동안 아무 말도 하지 않았다. 눈물이 고이더니 끝내 흘러내렸다. 수사를 받는 일이 힘든 게 아니라, 눈에 넣어도 아프지 않은 딸에 대한 믿음이 무너졌기 때문이라는 건 말하지 않아도 알 수 있었다. 그렇게 엄마는 여러 번 무너지고 나서야 마음을 다잡고 조사실을 나갔다.

"어떻게 이게 학대입니까? 그럼 앞으로 애들은 어떻게 키우라는 거예요?"

이런 말을 하는 사람은 한둘이 아니다. 아이를 잘 키우고 싶었을 뿐인데, 어느 날부터 그 방법은 죄가 되었다. 그 혼란은 부모만의 것이 아니다. 우리 사회 전체가 아직 '훈육'과 '학대' 사이에서 길을 찾아가고 있는 중이라고 생각한다.

그렇다면 이런 행동은 정말 학대일까? 법원 판례를 보면 알 수 있다. 법원은 8세 아이에게 약 20분간 엎드려뻗쳐를 시킨 부모의 행동을 '신체적 학대'로 판단했다. 부모는 훈육이었다고 주장했지만, 법원은 아동의 신체 건강과 발달을 해치는 학대 행위라 판단했다. 학교 수업 중 잠을 잔다는 이유로 손바닥으로 등을 한 대 때린 행위,

쓰레기를 치우지 않았다는 이유로 30센티미터 플라스틱 자로 엉덩이를 두 대 때린 행위, 심부름을 제대로 하지 않자 공책으로 뒤통수를 두 대 때린 행위 역시 법원은 아동학대로 판단했다. 결국 판례가 보여주듯, 아무리 훈육 목적이라도, 행위가 경미해도 면책되는 것은 아니다.

  훈육의 이름으로 시작된 일이 한 가정의 비극이 된 사건도 있었다. 부부는 사랑하는 자녀 네 명과 함께 화목하게 살고 있었다. 부모와 자녀들의 관계는 더없이 다정해 보였고, 자녀들끼리의 우애도 유달리 깊어 보였다. 부모는 자녀들을 정직하고 예의 바르게 키우려고 노력했고, 그것이 삶의 큰 행복이었다. 미소 짓고 있는 가족사진을 보면, 누구도 이 가정에 불행이 찾아오리라 예상하지 못했을 것이다.

  첫째 아들은 사춘기에 접어들며 종종 거짓말을 했다. 부모는 그때마다 말로 타이르며 바로잡으려 했지만, 아들의 버릇은 마치 잘 지워지지 않는 연필 자국처럼 남아 있었다. 그러던 어느 추운 겨울밤이었다. 또다시 거짓말을 했다는 걸 알게 된 아빠는 결국 눈물을 머금고 신체 훈육을 결심했다. 나무로 된 몽둥이로 종아리와 엉덩이를 몇 대 때리려 했으나, 아들은 손과 발로 막으며 도망 다녔고, 두 사람은 숨이 찰 때까지 실랑이를 벌였다. 얼마나 시간이 지났을까. 둘의 감정이 서서히 식어갈 무렵에야 겨우 고요가 찾아왔다.

  그간 한 번도 신체 훈육을 한 적 없던 아빠는 밀물처럼 몰려오는 미안함과 후회로 잠시 말을 잃었다. 붉게 달아오른 아들의 살결 위에 조심스레 약을 바르며, 진심 어린 사과를 건넸다. 그날 밤 둘은 평소처럼 나란히 누워 이런저런 이야기를 나누다 잠이 들었다.

하지만 아들은 다시 깨어나지 못했다. 쇼크로 인해 사망한 것이었다. 그 누구도 예상하지 못한 상황이었다. 아빠는 큰 충격을 받았고, 자신의 책임이라며 오열했다. 가정은 하루아침에 무너졌고 아빠는 구속됐다.

"엄마, 아빠랑 형 어디 갔어? 둘이 좋은 데 갔어? 나도 갈래. 아빠랑 형 보고 싶어."

아빠와 큰형이 보이지 않자 어린 동생들은 엄마에게 쉴 새 없이 묻는다. 엄마는 눈물을 삼키며 말한다.

"아빠와 형은 멀리 여행 갔단다. 오려면 오래 걸릴 거야."

누구보다 자식을 사랑했던 아빠는, 자식의 잘못된 행동을 바로잡기 위한 훈육이 결국 가정을 되돌릴 수 없는 비극으로 내몰았다는 현실에 좌절했다. 이 사건을 담당하며 나는 수없이 멈춰 섰다. 서류를 정리하다가도, 사진을 바라보다가도 자주 멈췄다. 사망한 아들과 아빠의 관계가 여느 부자보다 돈독했음을 보여주는 기록들이 곳곳에서 눈에 띄었기 때문이다. 수사 내내 아빠는 죄책감에, 엄마는 미안함과 그리움에 눈물을 멈추지 못했다. 이토록 부모가 힘들어하는 이유는 형사처벌의 두려움이 아니라, 소중한 자식을 잃었다는 슬픔과 미안함이 온몸을 짓눌렀기 때문일 것이다.

수사를 마친 나는 겉으로는 담담했지만, 마음 한쪽으론 법이 내릴 수 있는 가장 가벼운 처벌이 내려지길 바랐다. 하늘나라로 간 아이에게는 미안하지만, 부모는 남아 있는 자식들을 돌봐야 하기 때문이다. 어쩌면 그들에게는 형사처벌보다 더 무거운 형벌이 이미 주어졌을지 모른다. 죄책감과 그리움이라는 이름의 형벌이 평생 그들을 따라다닐 것이기 때문이다.

안타까운 사건은 여전히 이어진다. 이혼한 가정으로, 엄마는 하나뿐인 아들과 단둘이 살고 있었다. 아이는 초등학교 1학년으로, 그 나이라고는 믿기지 않을 만큼 똘똘했고 말투와 행동이 어른스러웠다. 일을 해본 적 없던 엄마는 이혼 후 생계를 위해 일터로 나서야 했다. 겨우 얻은 일자리는 집과 너무 멀어 출·퇴근이 불가능했다. 결국 엄마는 주중엔 회사 기숙사에서 지내고, 토요일 이른 아침이면 아들이 있는 집으로 달려갔다. 그리고 다음 날 저녁이면 다시 기숙사로 돌아가는 생활이 두 달 넘게 이어졌다. 다른 가족이 없던 탓에 그동안 아이는 홀로 하루하루를 버텨야 했다.

아이는 아침이면 혼자 일어나 밥을 차려 먹고, 세수를 한 뒤 학교에 갔다. 수업을 마치고 집에 와서도 스스로 밥을 차려 먹고, 씻은 뒤 잠자리에 들었다. 나는 이 사건을 처음 접했을 때 쉽사리 믿기지 않았다. 직접 아이의 집을 찾았다. 혼자 지낸 흔적이 집안 곳곳에 묻어 있었지만, 집 안은 의외로 깨끗했다. 아이에게 혼자 지낸 생활에 대해 묻자 또박또박한 말투로 말했다.

"엄마가 일을 다니니까 어쩔 수 없어요. 저는 씩씩해서 혼자 학교에 갈 수 있어요. 괜찮아요. 학교 끝나면 집에 와서 숙제하고 휴대폰을 보다가 자요. 그렇게 며칠만 지나면 사랑하는 엄마가 와요. 전, 정말 괜찮아요."

매일 아침, 아이는 엄마의 모닝콜에 맞춰 눈을 떴다. 세수를 하고 전자레인지에 3분 카레를 데워 아침을 먹었다. 그리고 여러 번 횡단보도를 건너, 어른 걸음으로 20분을 부지런히 걸어야 도착할 수 있는 학교에 갔다. 수업이 끝나면 집으로 돌아와 스스로 밥을 차려 먹고 숙제를 한 뒤 TV나 휴대폰을 보다가 한참 어두워진 후에야 잠자리에 들었다. 깜깜한 밤에도 집 안은 대낮처럼 밝았다. 집 안에 있는 불이란 불은 모두 켜져 있었는데, 자신감 넘치는 말과는 달리 어둠 속에서 혼자 지내기가 무서웠던 모양이다. 침대에 누워 아이는 멀리 떨어져 있는 엄마와 영상통화를 한다. 그리고 작은 화면 속에 비치는 엄마 얼굴을 바라보며 잠이 든다. 엄마는 아무리 늦더라도 카메라 앞을 지키며, 아이가 잠들 때까지 끝없이 자장가를 불렀다. 통화는 늘 아이가 깊이 잠든 뒤에야 끊겼다. 아이는 내색하지 않았지만, 엄마의 빈자리가 무척이나 그리웠을 것이다.

"저는 얼마든지 혼자 있을 수 있어요. 하지만 엄마 없이는 못 살아요. 경찰 아저씨, 엄마를 혼내지 말아주세요."

헤어지기 전, 아이가 떨리는 목소리로 했던 말이 아직도 귓가에 맴돈다. 내가 저 상황이었다면, 그 아이처럼 씩씩하게 버틸 수 있었을지 잠시 생각해본다. 엄마 역시 아이를 집에 혼자 두는 일이 두렵고 걱정스럽다고 말했다. 하지만 그보다 더 두려운 건, 돈이 없어 생계를 유지할 수 없는 것이었다고 한다. 엄마는 가난이 너무 괴롭다며 더는 말을 잇지 못한 채 눈물만 흘렸다. 엄마는 아동학대 방임 혐의로 수사를 받았지만, 그 죄명으로 두 사람의 관계를 설명할 수 없었다. 그들 사이에는 사랑과 신뢰, 그리고 어떤 시련에도 끊어지지 않을 끈이 존재했다.

이런 사례 외에도 아동학대 방임은 주변에서 어렵지 않게 발견된다. 생활이 힘들 정도로 집 청소를 하지 않은 경우, 식사 후 음식물을 치우지 않거나 반려견의 배설물을 오랜 시간 방치한 채 살아가는 경우도 있다. 심지어 냉장고 코드를 뽑은 채 몇 달을 그대로 두어 썩은 음식물에서 날파리가 태어나 집 안 곳곳에 날아다니는 집도 있었다. 이런 환경에서 아동을 양육한다면 방임이 될 수 있다. 믿기 어렵겠지만, 이런 사건은 생각보다 흔하게 마주한다.

또 다른 형태의 아동학대를 보자. 늦은 저녁, 기분 좋게 시작된 술자리가 길어지면서 부부간의 사소한 말다툼이 결국 큰 싸움으로 번졌다. 그 모습을 아이들이 고스란히 지켜보고 있었다. 이처럼 부부싸움 장면을 아이에게 노출한다면 '정서적 학대'로 인정될 수 있다.

아빠는 생후 10개월부터 5세 무렵까지, 아동이 보는 앞에서 부부싸움을 하며 아내에게 큰 소리로 쌍욕을 했는데, 법원은 이를 학대라고 판단했다. 영아의 경우 언어 이해력은 부족해도 부모가 보이는 갈등과 폭압적 상황을 체득하고 그에 따른 영향을 받을 수 있다고 본 것이다. 배우자를 향한 폭력적 언동이 어린 자녀에게도 위협이 되며, 이러한 행위를 반복하는 것은 자녀의 정신 건강 및 발달을 저해하는 정서적 학대에 해당한다고 판단한 것이다. 아빠는 단지 부부싸움을 했을 뿐 학대의 고의가 없었다고 주장했다. 그러나 법원은 아빠의 주장을 받아들이지 않았다.

부부가 살면서 다투지 않고 지내기는 쉽지 않다. 때로는 싸움이 관계를 단단하게 만드는 계기가 되기도 하지만, 그 방식은 달라야 한다. 부부싸움이 아이에게 노출되면 학대로 처벌받을 수 있다. 그보다 더 큰 문제는 부모가 싸우는 장면을 목격한 그 순간이 아이의 마음속에 깊이 스며들어 오래도록 지워지지 않는 상처로 남는다는 점이다.

돌이켜보니, 지금의 잣대를 내 어린 시절에 적용한다면 나 역시 학대를 경험한 아동이었는지도 모른다. 초등학교 2학년 무렵, 시골에서 자란 나는 동네 아이들과 산으로, 개울가로 나가 노는 게 세상에서 가장 즐거웠다. 가재와 개구리를 잡고 놀다 보면 해가 지는 줄도 몰랐다. 그때는 휴대폰이 없었고, 집집마다 하나씩 놓여 있던 유선전화가 유일한 연락 수단이었다. 그마저도 요금이 많이 나온다며 함부로 쓰지 못하던 때였다.

어느 날 해가 저물고 어둠이 짙게 깔린 무렵에야 집에 들어갔는데, 집안이 발칵 뒤집혀 있었다. 내가 돌아오지 않자 부모님은 물론, 옆집 어른들까지 온 동네를 헤매며 나를 찾았던 것이다. 그날 나는 아버지에게 참 많이도 맞았다. 그리고 친구들과 살라며 짧은 시간이지만 집에서 쫓겨나기까지 했다.

그런 일은 비단 나만의 경험은 아니었다. 그 시절엔 흔하게 벌어지던 풍경이었다. 돌이켜보면, 1980년대 우리 사회는 '아동학대'라는 개념 자체를 진지하게 받아들일 만한 준비가 되어 있지 않았다. 개발도상국이던 그 시절, 체벌은 훈육의 다른 이름이었고, 훈육과 폭력의 경계는 지금보다 훨씬 희미했다.

아동학대 처벌의 근간이 된 「아동복지법」은 1960년대에 제정되었다. 전쟁고아와 빈곤 아동, 미아 보호를 국가의 과제로 삼고, 고아원 중심에서 벗어나 국가가 직접 아동 복지를 책임지는 체계를 마련한 것이다. 초기에는 '보호'에 초점을 두었지만 시간이 흐르면서 범위가 아동의 권리 보장, 학대 방지, 양육 지원으로 점차 확대되었다.

이후 2013년 울산과 칠곡에서 발생한 '계모 아동학대 사망 사건'이 사회적 충격을 불러일으켰고, 이를 계기로 2014년 「아동학대범죄의 처벌 등에 관한 특례법」이 제정되었다. 그때부터 아동학대는 더 이상 가정의 문제가 아닌 명백한 범죄로 규정되었다. 그로부터 이제 겨우 십 년 남짓, 우리는 여전히 변화의 한가운데에 서 있다.

"잘못하면 때려서라도 바로잡아야죠. 그게 왜 학대입니까? 그럼 애들은 어떻게 키우라는 거예요?"

수사를 하다 보면 이런 말을 자주 듣는다. 아동학대가 '가정의 문제'가 아닌 '범죄'라는 인식으로 자리 잡기엔 10년이라는 시간은 아직 짧은지도 모른다. 하지만 우리 사회는 조금씩, 그리고 분명하게 바뀌는 중이라 믿는다.

아동학대라는 범죄는 처벌만으로는 결코 끝나지 않는다. 형사 절차가 마무리되더라도, 가족이라는 공동체는, 그리고 부모라는 지위는 특별한 일이 없는 한 계속되기 때문이다. 실제로도 시간이 지나면 학대 행위자와 피해 아동이 다시 함께 사는 경우가 대부분이다. 그래서 나는 아동학대 수사관의 역할이 단순히 혐의를 밝히는 데 머물러선 안 된다고 생각한다. 진실 규명 이상으로 중요한 건, 행위자에게 가정의 소중함과 아동학대의 위험성을 동시에 알리는 것이다. 그래서 다시는 같은 일이 반복되지 않도록 하는 것이 어쩌면 나에게 주어진 진짜 임무가 아닐까 생각해 본다.

인천경찰청 여성청소년과 경위.

여성청소년 범죄 수사를 11년 이상 전담하며, 성폭력·가정폭력·스토킹·아동학대 등 다양한 사건을 직접 다뤄왔다. 철저히 현장 중심의 실무 경험을 바탕으로 범죄 양상과 가·피해자의 심리 흐름을 자연스럽게 체득했다. 그로 인해 성폭력과 가정폭력 분야에서 전문수사관 자격을 취득했다. 3년 전부터는 아동학대전담수사관으로 근무하며, 아이들의 권리와 안전을 최우선에 두고 있다.

친밀한 폭력에 대해
더 많이 떠들어야 한다

여개명

"코드 제로, 코드 제로, 코드 제로."

2년 전 경찰서장으로 근무하던 때 휴대전화를 꼭 소리로 바꾸고 잠자리에 드는 습관이 있었다. 한창 곤히 잠들어 있을 때 낭랑한 기계음이 "코드 제로"를 외치며 나를 깨웠다. 휴대전화에 설치된 112 애플리케이션의 알람은 늦은 밤이건 새벽이건 시간을 가리지 않고 울어댔다. 코드 제로는 경찰이 다른 모든 사건을 다 제쳐놓고 가장 우선순위에 놓고 긴급하게 처리해야 할 사건을 말한다. 경찰서장으로 근무할 때 처리하고 목격했던 코드 제로 사건의 상당 부분은 주로 관계성 범죄였다. 그만큼 이 문제는 심각해지고 있다.

403,031건. 지난해 우리나라에서 친밀한 관계 사이에서 벌어진 범죄 사건의 수치이다. 경찰청 여성안전기획과장으로 근무하는 요

즘 매일 하루 두 번씩 아침과 저녁으로 경찰청 상황실로부터 치안 상황 보고 문자를 받는다. 이 사건·사고 문자를 읽을 때마다 가슴이 철렁한다. 전통적인 의미의 강력범죄는 줄고, 경찰이 이른바 관계성 범죄라고 부르는 사건에서 강력범죄의 경향이 강해지고 있기 때문이다. 모두 내가 기억하고 처리해야 하는 사건들이다. 짧막한 문자 사이에 숨겨진 사건의 복잡한 이면을 파악하려면 감정적 에너지가 많이 소모되기도 한다.

이른바 관계성 범죄 혹은 친밀한 관계 사이에서의 폭력은 스토킹, 교제폭력, 가정폭력, 아동학대, 노인학대와 같은 범죄이다. 사귀고 있거나 동거하는 남성과 여성은 아주 친밀한 관계다. 가족 구성원들도 친밀한 관계로 볼 수 있다. 하지만 친밀한 관계라는 낭만적인 단어와 전혀 어울리지 않는 사건이 서슴없이 벌어진다. 연인 사이에서 처음에는 좋은 감정으로 만나 관계를 유지하다가 사이가 틀어지면 죽일 만큼 증오한다. 협박하고 때리고 찌르고 실제 생목숨을 앗아가기도 한다. 가장 친밀한 사이여야 할 가족 내에서도 이러한 일이 벌어진다.

앞서 말한 숫자에는 보이지 않는 자들이 존재한다. 어떤 관계성 범죄는 이를 규율하고 통제하는 법률이 없기 때문이다. 요즘 급증하고 있는 교제폭력이 그렇다. 112상황실에서 교제폭력 신고 전화를 받고 상황을 파악한 후 출동지령을 내린다. 현장에 간 경찰관은 신고 당사자와 상대방의 이야기를 들어본 후 서로 사귀는 관계인지 확인한다. 피해자와 가해자를 분리하고 응급상황 시 신고할 수 있는 스마트워치라는 손목시계 같은 장치도 지급한다. 더 위험하다고 판단되면 피해자의 집에 안전을 감시하는 폐쇄회로 텔레비전(CCTV)을 설치하거나, 민간경호 인력을 배치하여 피해자와 함께하면서 혹시 모를 가해자의 위험에 대비하기도 한다. 이러한 모든 조치는 피해자의 안전을 지키고 편안한 일상생활로의 복귀를 돕기 위한 것이다.

그러나 '교제폭력법'이 없어서 이러한 안전조치에 공백이 생긴다. 대신 경찰은 둘이 동거하고 있다는 사실이 확인되면 사실혼에 근거한 가정폭력으로 처리한다. 사귀는 과정에서 한 사람이 상대방에게 접근하거나 따라다녀서 불안감과 공포심을 일으키면 스토킹으로 처리하기도 한다.

그렇지만 두 방법 모두 궁여지책이고 미봉책이다. 교제하는 사이에 발생한 폭력을 처벌할 법이 없다 보니 피해자는 형사사법 시스템 안에 존재하지 않는다. 경찰에 신고하지 않으면 경찰이 모르고, 그 사건은 없는 거나 마찬가지가 되기 때문이다. 그렇다고 그 사건이 없었던 것은 아니다.

경찰청 여성안전기획과장으로 전국에서 일어나는 관계성 범죄에 모두 대응해야 하는 처지에서 교제폭력법은 가장 시급한 민생법안이다. 전통적 범죄학에서 '치정(癡情)'이라고 부르는 교제폭력 범죄는 그 속성 때문에 살인과 같은 강력사건으로 번지거나, 지속해서 상대방을 괴롭히는 스토킹을 통해 피해자가 일생생활을 하지 못하도록 괴롭히는 경우도 많다. 남녀 사이의 단순한 사랑싸움으로 치부하기에는 범죄의 해악이 너무나 크다.

나는 이 문제를 해결하기 위해 매주 구두끈을 질끈 묶고 국회 문지방이 닳도록 부지런히 의원실을 찾아가 법안에 관해 설명한다. 그 결과 국회에서 관심을 가져 여러 국회의원이 교제폭력을 다루는 법안을 발의하고 있어 다행스럽다. 설명을 들은 국회의원이나 보좌진들의 반응은 한결같다. 이 법이 반드시 필요해 보인다고. 하지만 마주하는 현실은 녹록지 않다.

교제 관계가 무엇인지 정의하고, 어느 범위까지 교제 관계에 넣을지에 대해 의견이 갈린다. 법리(法理)에 맞지 않는다는 이유로 법률 논의가 더디다. 이 세상에 존재하지 않던 개념을 명확하게 법리로 만들고, 처벌조항을 넣는다는 것이 말처럼 쉽지 않다. 스토킹법 제정 과정만 봐도 그렇다. 우리에겐 개념조차 낯설었던 스토킹이 처음 사회문제로 등장한 후 스토킹법으로 제도화되기까지 무려 20년이 걸렸다. 지금은 여러 사건이 누적되면서 법원 판례도 쌓이고, 시민들도 스토킹이 중요 범죄라는 것을 인식하고 있다. 이처럼 어떤 사회문제를 해결하고 다스리기 위해서는 그 토대가 되는 법이 가장 중요하다고 할 수 있겠다.

나아가 법률이 없는 지금 상황에서 교제폭력과 같은 관계성 범죄를 해결하는 데 중요한 점이 있다. "왜 친밀한 관계에서 벌어지는 범죄는 신고되지 않는 것일까?" 하는 질문을 던져야 한다. 그 이유는 여러 가지다. 먼저 친밀한 사이에서 보이지 않는 권력 관계가 작용하기 때문일 수 있다. 예를 들어 신체적으로 우월한 남성이 연인 관

개인 여성을 물리적으로 지배하는 경우가 많다. 물론 여성이 남성을 신체적으로 제압하는 예도 본 적이 있다. 정서적으로 교묘하게 피해자를 조종하여 신고를 못 하게 막기도 한다. 이는 가스라이팅이라는 용어로 정의할 수 있다.

아울러 친밀한 관계에서 오는 특수성 때문에 신고가 안 되는 경우가 많다. 친밀한 관계라는 말에서 알 수 있듯이 남녀가 사귀거나 동거하면서 상당수 생활반경이 겹치게 된다. 경제적으로 한쪽에 의존하게 된다면 그 관계를 끊어내기는 더 어려워진다. 가족 사이에서는 더욱 그렇다. 부부 사이의 혼인 관계, 부모와 자식 사이의 혈연처럼 법 제도적인 장치에 더해서 사회 관습까지 영향을 미친다. 가족 사이에서 누가 누구를 고발하고 신고하는 자체를 꺼리는 풍토가 있다.

지금까지 우리 사회에는 연인 간 문제나 다툼을 사랑싸움으로 여기는 분위기가 없지 않았다. 가정 내에서 벌어지는 일은 가정 내에서 해결해야 한다는 인식도 강하게 작용해왔다. 이러한 분위기에서 연인 사이의 교제폭력이나 스토킹, 가정 내에서 일어나는 가정폭력 범죄가 적극적으로 신고되어 경찰에 알려지기란 쉽지 않다.

그렇다면 우리는 이러한 문제를 해결하기 위해 어떻게 해야 할까? 친밀한 관계에서 벌어지는 폭력은 당사자 사이에서 벌어지는 일이니 스스로 해결하라고 하는 것은 무책임하다. 내가 직접 당한 일이 아니니 상관없다는 태도도 경계해야 한다. 무관심과 침묵은 더 많은 피해자를 만들어낸다.

우선 이 문제를 더 적극적으로 이야기해야 한다. 더 크게 떠들어야 한다. 여러분 주변에서 혹시 이런 일을 당한 사람이 있다면 적극적으로 그 이야기를 들어주고 도와주어야 한다. 경찰에 신고도 해야 한다. 내가 어려울 때 당신이 나를 도와준 것처럼 나도 당신을 도울 것이라는 믿음, 우리 모두 공동의 목표를 향해 나아간다는 규범에 대한 신뢰, 서로 어려울 때 도와주는 네트워크, 규범과 네트워크를 기반으로 안전한 공동체를 만들어가려는 협력이 필요한 때다.

우리 사회가 교제폭력과 같은 관계성 범죄 문제에 더 큰 관심을 가지고 노력해서 보이지 않는 수많은 피해자를 줄였으면 한다. 우리 모두 행복하게 살 권리가 있다. 나아가 이 사회를 지탱하는 한 개인으로서 건강한 사회를 함께 만들어갈 책임이 있다. 보이지 않는 자들이 보이도록 해야 한다.

경찰청 여성안전기획과 총경.
전투경찰대 소대장으로 첫발을 내디딘 이후 경제범죄수사관, 지구대 순찰팀장 등을 거쳐 경찰청 여러 부서에서 기획업무를 담당했다. 현재는 경찰청에서 친밀한 관계에서 일어나는 범죄와 사회적 약자 보호를 전담하는 여성안전기획과장으로 근무하고 있다. 서울대학교 행정대학원 정책학 석사를 거쳐 같은 대학원에서 〈한국 지역사회의 범죄율 연구〉라는 주제로 정책학 박사 학위를 취득했다.

우리 모두의
평온한 일상을 지키기 위해

박 재 영

　아침 출근길은 언제나 평화롭다. 지하철에서 나와 어린이대공원 산책로를 따라 걷다 보면 가쁜 숨을 몰아쉬며 조깅하는 젊은이들, 네트를 사이에 두고 셔틀콕을 주고받는 노부부, 반려견의 재롱을 자랑하며 담소를 나누는 아주머니들, 출근길을 재촉하는 직장인들까지, 모두가 평화롭게 하루를 시작하는 모습을 보게 된다. 경찰서에 다다를 즈음, 친구들과 수다를 떨며 지나가는 중학생들을 보면 활력이 느껴진다.
　경찰관으로 근무한 세월이 어느덧 27년을 향해가고 있지만, 솔직히 시민 개개인의 일상에 관심을 갖기 시작한 것은 비교적 최근의 일이다. 오랫동안 정보와 경비 분야에서 근무하며 주로 공공정책을 둘러싼 집단적 갈등에 주목했다. 그러다가 올해 생애 처음으로 경찰서장으로 부임하면서 비로소 평범한 시민들의 일상과 사연이 눈에 들어오기 시작했다. 매일 다양한 사건 사고를 마주하게 되면서 출근길에 스쳐 지나가는 소소한 일상이 결코 당연히 주어지는 것이 아니라는 사실, 지금 이 시간에도 누군가는 피해와 고통 속에 신음하고 있는 현실을 체감하고 있다.

경찰서장의 하루는 오전 8시, 야간 근무를 마친 112상황팀장, 형사팀장, 강력팀장, 여청팀장이 모이는 상황 점검 회의로 시작된다. 112신고 내용과 초동 조치, 수사 상황, 피해자 보호조치까지 빠짐없이 점검하며 혹여 경찰 대응에 빈틈이 없는지 살핀다. 형사팀장에 이어 강력팀장의 보고가 끝나면 여청팀장이 가정폭력, 노인·아동학대, 교제폭력, 학교폭력, 성폭력 등 관계성 범죄를 보고하는데, 이때부터 조금 더 긴장하게 된다.

낯선 사람들 사이에서 일회성으로 발생하는 사건과 달리, 관계성 범죄는 대부분 가깝고 익숙한 관계에서 발생하기 때문에 피해자는 언제든 그 관계로 되돌아갈 수 있다는 '구조적 불안'을 안고 있다. 자신이 그 관계를 깨뜨렸다는 죄책감으로 인해 피해 사실과 처벌 의사를 솔직하게 털어놓지 못하는 경우도 많다. 그래서 경찰은 일반 사건보다 훨씬 깊숙이 개입해야 한다. 관계 속의 맥락을 읽고 보이지 않는 위험 신호를 감지해야 하기 때문이다.

회의를 마친 뒤에는 여성청소년과에서 보고하는 '관계성 사건 전수합동조사 체크리스트'를 꼼꼼히 살펴본다. 여성청소년과의 학대

예방경찰관(APO)이 매일 발생하는 피해자와 가해자의 상태를 직접 확인하고, 안전 여부와 관계 회복 가능성, 필요한 보호조치를 점검한 기록이다. 이 기록은 계장, 과장을 거쳐 서장까지 매일 확인하고 있는데, 여청과장이 사건 전수를 확인하고 일일이 지시하고 있지만 사건을 보는 시각과 솔루션은 각자의 경험치에 따라 다를 수 있기 때문에 보다 완벽한 대응을 위해 서장도 세심하게 살펴보고 있다.

깨알같이 작은 글씨가 빼빽한 수십 장의 보고서에는 개개인의 안타까운 사연과 뒤틀어진 관계로 인한 고통이 가득하다. ADHD를 앓고 있는 중학생 자녀에게 폭행을 당하면서도 처벌을 망설이는 어머니, 헤어진 여자친구로부터 지속적인 협박과 스토킹을 당하고 있는 남성, 중년의 남편이 불륜을 의심하며 부인을 괴롭히는 사연, 오래전 세상을 떠난 부인을 잊지 못하고 '아내가 집에 없다'며 실종신고를 하는 고령의 치매 노인까지, 고통의 유형은 셀 수 없고 그 깊이와 무게는 가늠하기가 어렵다.

부부나 연인 관계는 이혼이나 결별로 관계를 정리할 수 있지만, 부모와 자녀 사이의 갈등은 혈연이라는 특성상 쉽게 끊어낼 수 없다. 특히 자녀가 청소년이고 한부모 가정인 경우 그 복잡성은 배가 되는데, 최근 아동 ADHD 환자가 꾸준히 증가하면서 아동과 부모 모두 고통받고 있는 사례가 급증하고 있어 안타깝다.

얼마 전에는 부부가 이혼한 뒤 친모가 알코올 의존증으로 아이를 제대로 돌보지 못하는 사례가 있었다. 아이는 이모의 보호를 받다 ADHD 진단을 받았고, 어느 순간부터 학교에도 나가지 않아 어머니와의 갈등이 심화되었으며, 결국 어머니에게 폭력을 행사하다 칼로 위협하는 단계까지 이르렀다. 사건 보고를 받고, 아동과 친모의 치료와 생활 지원이 시급하다고 판단했다. 관계기관과 협의하여 피해 아동의 치료와 학교 복귀 지원, 어머니의 알코올 중독 치료 등 다각적인 지원 방안을 마련하라고 당부했다.

이 과정에서 담당 학대예방경찰관은 무엇보다 친모와의 라포를 형성하기 위해 끈질기게 노력했다. 반복적인 면담과 방문을 통해 어머니 이야기에 귀를 기울였고, 그제야 이혼 이후 생계의 압박과 고립감 속에서 술에 의존하게 된 사연을 들을 수 있었다. 진심 어린 공감이 단절된 대화를 회복시켰고, 이를 계기로 상담센터·학교전담경찰관(SPO)·교육복지센터 등 여러 기관이 함께 움직일 수 있는 협력의 기반이 마련되었다.

이후 APO의 주도로 통합 솔루션 회의가 열렸고, 각 기관이 역할을 나눠 학생의 등교 지도, 정서적 멘토링, 가족 치료를 지원했다. 이러한 공동의 노력 덕분에 모자는 서서히 일상의 균형을 되찾기 시작했다.

학대예방경찰관이 일상적인 사건 처리 방식에서 한걸음 더 들어가 친모와의 라포를 형성하려는 의지가 있었기에 공동체의 협업이 가능했고, 관계 회복으로 이어질 수 있었다. 결국 관계 정상화는 제도 이전에 당사자와 도우미들의 '의지'에서 시작된다. 그 의지를 일깨워주는 것은 현장에서 시민과 가장 가까이 호흡하며 그들의 아픔을 공감하고 있는 경찰관의 진심 어린 노력이다.

갈수록 시력이 떨어지는데 최근에는 노안까지 찾아와 한 건 한 건 읽어 내려가기가 쉽지 않지만, 혹여 행간에 감춰진 위험이 있을까 꼼꼼하게 확인하고 있다. 필요하다면 담당 APO를 직접 불러 추가 보고를 받는다. 그 과정에서 APO의 섬세한 판단력과 열정, 시민을 대하는 따뜻한 태도를 확인할 때마다 든든함이 밀려온다.

여성청소년 업무는 가장 높은 수준의 감정 노동이 요구된다. 가해자와 피해자는 부부, 연인, 부모 자식, 친구 관계로 얽혀 있으며 감정의 온도는 수시로 변한다. 가까워졌다가 멀어지고 애정과 분노의 감정이 복잡하게 뒤섞여 있어, 경찰은 '관계의 온도 변화'에 맞춰 당사자들을 상대해야 하기 때문이다.

스토킹 피해를 호소하던 사람이 배우자에게 불륜이 드러날까 두려워 연락을 끊고 잠적하는 사례, 만남과 이별을 반복하며 다툼이 생길 때만 선택적으로 경찰에 협조하고 평상시에는 연락하지 말라며 욕설까지 내뱉는 피해자, ADHD를 앓고 있는 초등학생 자녀와 중증 알코올 중독 어머니가 서로 폭행과 신고를 반복하는 가정…. 이러한 복잡한 인간관계 속에서 경찰은 늘 감정과 현실 사이에서 균형을 잡아야 한다. 혹시라도 가해자의 협박으로 피해자가 피해 사실과 처벌 의사를 표현하지 못하는 상태에 있지 않을까 전전긍긍하고, 마음의 상처까지 감수하며 피해자를 살피고 있다. 여성청소년 담당 경찰이 감당하고 있는 힘겨운 현실이다.

한 달에 한 번, 범죄 피해자의 안전조치 등급을 조정하는 회의도 주재한다. 이 자리에서는 사건을 수사하는 경찰관, 가·피해자를 모니터링하는 학대예방경찰관, 관리자인 과계장이 모여 서로의 정보를 공유하고 피해자 안전조치의 수준을 논의한다. 대학병원의 협진에 비유할 수 있는데, 각자의 전문성을 모아 진단하고 처방을 내리는 과정이다. 가해자의 행동 패턴에 변화가 있는지, 피해자의 안전환경에는 부족함이 없는지 등 모든 정보를 꺼내놓고 토론한다. 그러나 아무리 치밀하게 대비해도 예기치 못한 변수가 생기기 마련이라 매번 긴장의 끈을 놓을 수 없다.

끝을 알 수 없는 불안과 긴장, 피로에 시달리고 있지만, 시민들이 보내주신 칭찬과 응원의 글, 감사 편지에 큰 힘을 얻고 있다. 자신을 불법 촬영 사건의 피해자라고 밝힌 한 여성이 보낸 편지는 오래도록 기억에 남는다.

"밤 늦은 시간 파출소에 전화해 다른 곳으로 이사할 때까지 출퇴근 시간 동행을 요청드렸습니다. 며칠 하다 그만둘 줄 알았는데 한 달 넘게 매일 해주셨습니다. 교대 근무라 그런지 매일 아침 경찰관이 바뀌시던데 단 하루도 예외는 없었습니다. 언론에서 접한 살인 사건으로 불안했는데 광진 경찰은 달랐습니다. 고마움을 평생 잊지 않겠습니다."

진심 어린 편지 한 장은 모든 피로를 잊게 해주었다. 112신고 대응도 녹록지 않은 여건인데, 피해자의 불안에 공감하고 다른 팀과 협업해 약속을 지켜준 파출소 동료들에게는 팀 단체 표창으로 감사의 뜻을 전했다.

추석 연휴가 지나고 나니 책상에 쌓여 있는 여성청소년과 보고서가 책 한 권 분량이다. 보기만 해도 숨이 막히지만, 그 속에서 감춰진 고통의 신호를 찾아내기 위해 오늘도 초보 경찰서장의 하루는 바쁘게 돌아간다.

서울광진경찰서장.
평생 정보·경비만 파던 경찰이었는데, 올해 서장이 되어 여성청소년, 관계성 업무를 접했다. 현장은 책보다 훨씬 복잡했고, 마음을 아프게 하는 일이 여기 모여 있었다. 이제야 왜 이 업무가 '강철 멘탈'이 필요한지 뼈저리게 배우는 중이다.

이제 부모에게 알리지 않고
신고할 수 있어요

정대일

　우리 부서의 최대 숙원 사업은 「범죄수사규칙」 개정과 친밀한 관계에서 살해당하는 사람의 성별 통계 구축이었다. 그중 성별 통계 구축은 2023년부터 개선되어 완료되었고 이제 남은 것은 「범죄수사규칙」 개정에 관한 건. 「범죄수사규칙」이란 수사관이 지켜야 하는 지침을 모아놓은 것인데 이 규칙에 따르면 미성년자가 피해자일 경우에는 원칙적으로 부모에게 수사 진행 상황을 통지해야 한다. 다만, 피해 진술 거부 등 수사에 지장이 있는 경우에는 부모에게 통지하지 않을 수 있다는 예외 규정이 2020년까지 있었다. 그러다가 검·경 수사권 조정으로 인해 대대적인 수사지침 개정이 있었고 이 과정에서 2021년 부모 통지 예외 규정이 삭제되었다. 정확한 삭제 이유는 확인되지 않는다.

부모 통지 예외 규정이 사라지면서 문제가 나타나기 시작했다. 성범죄 피해를 당한 아이들은 지원기관과 경찰서에 전화 또는 방문으로 상담받는 과정에서 사건이 접수되면 부모에게 내용이 통지된다는 사실을 알게 된다. 2020년까지는 예외 규정이 있어서 아이들이 진술을 거부하는 모습을 보이면 담당 수사관이 부모에게 통지하지 않고 수사를 진행할 수 있었다. 그런데 2021년부터는 부모 통지 없이는 수사할 수 없게 되었다. 부모에게 피해 사실을 알리기를 원치 않는 아이들이 사건 접수를 포기하거나 피해 진술을 거부하는 현상이 실제 발생하기 시작했다.

더욱 심각한 건 성범죄자 중에 피해 아이들이 부모 통지 때문에 신고를 주저한다는 걸 악용한다는 점이다. "네 부모님이 알게 될 건데 감히 네가 신고할 수 있겠어?" 부모 통지 규정 뒤에 숨어서 미성년자를 대상으로 성범죄를 자행한 범죄자가 신고가 되지 않았기에 아무런 조사도, 처벌도 받지 않고 거리를 활보하고 있다는 사실에 분노했다.

예외 규정을 복원시켜야 했다. 그런데 경찰청 내부에서부터 이견이 다양했다. 아이가 범죄 피해를 당했으면 친권자인 부모는 응당 알아야 하는 것 아니냐, 수사 진행 과정은 그렇다고 하더라도 부모에게 수사 결과는 알려줘야 하지 않느냐, 영국·미국·호주 등 선진국처럼 미성년자의 자기 결정권을 인정하고 부모 통지 일체를 제한해야 한다는 의견까지 다양했다.

우리는 부모 통지 예외 규정을 신설하기 위해 단계적 접근이 필요하다고 판단했다. 우선 경찰청 내부에서 합치된 의견을 이끌어낼 것, 다음으로 외부 피해자 지원기관 자문을 통해 경찰청 개선 방안이 현실적인지 확인할 것, 그리고 경찰청 「범죄수사규칙」 개정에 필요한 절차를 거칠 것.

우선, 「범죄수사규칙」을 총괄하는 경찰청 국가수사본부 수사기획 부서를 찾아가 현실적으로 발생하고 있는 문제점과 다양한 개선안에 대해 허심탄회하게 이야기를 나누었다. 여러 법무법인으로부터 사전에 자문받은 자료도 공유하고 외부 변호사들까지 초청해 간담회를 개최하기도 했다. 그 결과, 2020년 예외 규정과 유사한 개정안을 만들되, 부모 조력을 대신할 적정한 장치를 마련할 필요가 있다는 데 뜻을 모았다.

현행 「성폭력범죄의 처벌 등에 관한 특례법」, 「아동청소년의 성보호에 관한 법률」 등에 따르면 범죄 피해를 당한 아이에게는 국선변호사가 선임되고 법률에 근거한 각종 피해자 지원기관의 도움을 받을 수 있다. 고심 끝에 다음과 같은 방안을 도출했다. "미성년자가 범죄 피해를 당한 경우에는 원칙적으로 부모에게 통지해야 한다. 다만, 피해 진술 거부 등 수사에 지장을 초래할 우려가 있는 경우에는 부모에게 통지하지 않을 수 있고 그 대신 지원기관 또는 피해자 변호사에게 통지한다." 지원기관과 국선변호사 등 지원이 보장되는 성범죄 등 일부 죄종으로 적용 범위를 국한했고, 예외 규정이 적용되는 미성년 연령도 충분한 의사 능력이 있는 것으로 간주되는 13세 이상으로 한정했다.

이렇게 경찰청 개정안을 마련했다. 그다음으로 경찰청 개정안에 대한 외부 피해자 지원기관의 자문이 필요했다. 2021년부터 꾸준히 문제를 제기해준 외부 전문기관 '탁틴내일'과 '십대여성인권센터' 등을 방문해 개정안을 설명했더니 다들 긍정적인 반응을 보였다. 현실적으로 시급한 분야가 성범죄 죄종이기에 피해 아이에게 큰 도움이 될 거라고 환영해주었다. 자문 과정에서 어느 대표님께서는 이런 말씀을 해주셨다.

"수사 진행 상황을 부모에게 알리지 않더라도, 부모가 끝까지 모르는 경우는 거의 없습니다. 중요한 것은 아이들이 범죄 신고를 하고 피해 진술을 충분히 해서 수사가 시작될 수 있도록 하는 것입니다. 그동안의 현장 경험상, 수사가 진행되고 아이가 심리적 안정을 충분히 취한 후에는 적절한 시점에 상담사의 도움을 통해 부모에게 상황을 알리는 경우가 대부분입니다."

이후, 경찰청 인권위원회에 참석하여 인권영향평가를 받아야 했다. 이 회의체는 심의의결기구는 아니지만 긴장이 되는 것은 사실이었다. 9월에 무사히 인권영향평가를 마치고 마지막으로 남은 관문은 국가경찰위원회의 심의·의결이었다.

10월 20일(월) 오후 「범죄수사규칙」 개정을 안건으로 하는 국가경찰위원회에 참석했다. 생활안전교통국장님이 앞장서시고 여성안전학교폭력대책관님까지 총출동하여 위원님들 앞에 앉았다. 여성안전기획과장의 안건 발표가 시작되었다. 손에 땀이 많이 났다. 혹시나 부결되면 어떻게 하나, 다시 몇 년이 더 걸려야 하나. 걱정이 머릿속에 가득했다. 이런저런 걱정을 하며 혹시 있을 수 있는 돌발 질문에 대비하고 있는 사이, 이 안건은 만장일치로 의결되었다. 그동안 많은 분이 부모 통지 예외 규정 신설의 필요성과 경찰청의 개정 노력에 따뜻한 응원 메시지를 보내주셨다.

국가경찰위원회 심의를 통과한 다음 날 아침, 지하철을 타고 경찰청으로 출근하던 도중 미안한 감정이 문득 떠올랐다. 2021년부터 지금까지 몇 명이었을까. 부모에게 알려지는 게 두려워 차마 신고하지 못하고 아픔을 오롯이 떠안아야만 했던 아이들이. 경찰관의 한 사람으로서 미안한 마음이 들었다.

5년에 가까운 긴 시간이 소요된 여성안전기획과 숙원 프로젝트는 이렇게 마무리되었고 11월 시행을 앞두고 있다. 남은 것은 널리 알리는 일이다. 혹여나 성범죄 피해를 당하더라도 부모에게 알리지 않고도 범죄 신고를 할 수 있음을, 나쁜 짓을 저지른 범죄자가 마땅히 처벌받도록 경찰 수사가 진행된다는 점을, 그 과정에서 지원기관과 변호사의 도움을 받을 수 있음을 많은 아이가 알아야 한다. 성범죄 피해 신고에 주저함이 없도록.

경찰청 여성안전기획과 경정.
2002년 입직했으며 경찰청 수사구조개혁단, 총무·기획·자치과, 서울청 기획예산계 등 여러 부서에서 정책기획 업무를 담당했다. 2006년 국가청소년위원회 파견 근무를 수행한 바 있으며, 현재는 경찰청 여성안전기획과에서 관계성 범죄 대응 총괄, 성폭력 재범 방지 등의 책무를 맡고 있다.

당신은
보호받을 권리가 있습니다

한윤섭

2017년 나는 피해자전담경찰관으로 업무를 시작하면서 2022년까지 많은 범죄 피해자를 만났다. 대부분 사회적 약자인 여성과 아동이었다. 시·도청 피해자보호계, 최일선에서 범죄 피해자를 대면한 업무 경험이 현재 나에게는 큰 자산이자 업무의 정체성이 흔들릴 때 잡아주는 버팀목이 되고 있다.

경험상 대부분의 피해자는 정상생활 복귀에 국가 및 지방자치단체의 도움이 절실히 필요하다. 범죄 피해자를 지원하기 위해서는 어떤 도움이 필요한지 초기에 세심한 상담이 필수적이며 가장 중요하다. 전화 상담보다는 대면 상담이 범죄 피해자의 경제적인 상황, 심리적인 상황, 가족관계 등을 파악해 정확한 맞춤형 지원을 하는 데 유리하다. 그러나 범죄 피해자를 대면 상담하기 위해 설득하는 절차는 피해자전담경찰관의 많은 노력이 필요하다. 한번 라포가 형성된 범죄 피해자는 정상생활 복귀가 비교적 빠르게 진행된다.

　가해자가 빌딩에 칼을 들고 들어가 휘둘러 피해자 3명이 발생한 사건이 있었다. 2017년 처음 업무를 하면서 만난 가장 큰 사건이기에 신경이 많이 쓰였다. 여성 피해자 2명 중 1명은 사망하였고, 1명은 한쪽 눈을 잃게 되었다. 사망한 여성 피해자의 장례식장에 찾아가 피해자전담경찰관이라고 소개한 후 유가족에게 아무런 말도 하지 못하고 로비 의자에 앉아 그저 바라만 보았다. 경찰이 피해자를 보호해주지 못할 상황이었다 하더라도 장례식장에 있는 유가족들은 경찰을 바라보는 시선이 곱지 않다.
　중상해 피해를 당한 남성 피해자 1명은 피해 초기 동의를 받아 지원 의뢰까지는 하였으나, 이후 연락이 되지 않아 너무 안타까웠다. 경험과 노하우가 없었던 상황에서 피해자를 설득하는 방법이 미숙해 도움이 절실한 피해자를 지원하지 못했다는 사실에 죄책감이 들었다. 그 후 나는 한쪽 눈을 잃게 된 여성 피해자를 집중적으로 지원하기 시작했다.
　피해자는 남편과 함께 스마일센터를 방문해 적극적으로 심리적 지원을 받았고, 수술비 등도 추가로 지원받았다. 눈 수술이 끝나고 어느 정도 기간이 지난 후 서울청에서 주관하는 범죄 피해자 안경 지원 행사가 있었는데 피해자가 생각나 동의를 받아 추천하게 되었다.
　행사 당일 우산을 써도 옷이 다 젖을 정도로 비가 많이 내렸다.

미리 도착해 서울청 담당자와 행사를 준비하고 있었다. 비가 오면 방문을 안 하는 경우가 많아 걱정이 많이 됐다. 행사가 진행되던 중 한창 행사 진행으로 정신이 없었는데 2층 강당 반대편에서 피해자와 남편이 나에게 다가왔다. 나는 깜짝 놀라 미리 마중 나가지 못해 미안하다고 사과했다. 그러나 피해자는 한쪽 눈을 잃었음에도 "멀리서 봐도 한 경장님을 바로 알겠던데요"라며 내가 불편해하지 않도록 나를 배려했다.

    이후 피해자는 한쪽 눈의 시력을 확인하고 다초점렌즈가 필요한 상황으로 확인되어 지원 대상에서 제외될 뻔했으나 OOO안경의 배려로 피해자 주거지 인근 안경점에서 별도 제작 후 받을 수 있도록 지원해주었다. 피해자는 안경을 받은 후 너무 감사하다며 나에게 연락해주었다. 이후 피해자의 추가 지원이 필요한지 계속 모니터링했다. 피해자와 남편은 많이 안정되어 더 이상 연락이 필요치 않다고 의사를 전달해 지원을 종료하였다.

    무더운 여름 오후 16시경, 사무실이 조용하다. 우리 부서를 방문하는 모든 사람은 출입문 바로 앞에 있는 내 자리를 지나쳐 간다. 40대 후반 여성이 조심스레 문을 열고 들어오는 모습을 보니 매우 지쳐 보였다. 얼른 자리에서 일어나 피해자 상담실로 안내했다. 에어컨을 틀고 시원한 물을 챙겨드렸다. 잠시 쉬도록 한 뒤 방문 목적을 물어보니 남편의 가정폭력과 아동학대로 인해 가해자인 남편이 구속되면서 아르바이트도 해보고 여러모로 노력했으나 미성년 자녀 둘과 함께 생계 유지가 힘들다며 도움을 요청했다. 나 또한 부모로서 피해자의 상황이 몹시 안타까웠다.

상담 결과 생계비와 미성년 자녀들 지원이 필요해 보였다. 피해자의 현재 상황에 맞는 지원기관을 찾아보니 수용자 미성년 자녀를 지원해주는 기관이 있어 직접 방문하여 설명하고 지원을 의뢰했다. 이후 피해자는 몇몇 지원기관에서 경제적 지원을 받게 되었다.

그 뒤 나는 경찰서를 떠나 서울청 피해자보호계로 자리를 옮기게 되었다. 서울청에서 근무 중 반가운 연락이 왔다. 내가 직접 기관에 방문하여 도움을 요청했던 기관 업무담당자였다. 피해자의 자녀인 미성년자가 기관의 도움으로 잘 성장하여 자신을 의뢰해준 담당 경찰관이 누구인지 궁금하다며 만나고 싶어 한다고 전해주었다. 나는 반가운 마음으로 그를 초대했다.

며칠 후 경찰청 카페에서 성년이 된 아동학대 피해자와 대면하게 되었다. 그는 내가 당시 기관에 의뢰해주어 본인이 잘 성장할 수 있었다고 감사하다며 자신의 이야기가 담긴 책을 전달해주었다. 사무실로 돌아와 책을 읽어보니 당시 피해 이후 얼마나 힘들었는지 절절하게 알 수 있었다. 고맙게도 그 책 속에서 나는 고마운 형사로 등장한다. 나 또한 준비한 선물을 전달하며 잘 성장해주어 고맙다는 말을 전했다. 아동학대 피해자는 나와 멀어질 때까지 여러 차례 고마움을 표현했다.

경찰에서는 회복적 경찰 활동을 통해 갈등을 조정하여 강력범죄

예방에도 기여하고 있다. 회복적 경찰 활동이란 대화모임의 진행자가 사전 모임과 본 모임, 사후 모임을 진행하며 갈등의 양 당사자 간 대화를 통해 스스로 갈등의 원인을 찾아 해결하도록 노력하는 경찰 제도이다.

2018년 회복적 경찰 활동이라는 제도가 시범 운영되었고, 나는 시범 운영 관서를 희망하여 담당자로 참여하게 되었다. 우선 제도에 대한 이해 교육을 받고 전문적인 대화모임 진행자 교육까지 받게 되었다.

첫 번째 사건을 전문 기관에 의뢰했다. 존속 살인미수 사건이었다. 모친과 함께 사는 딸이 경제적으로 너무 힘들어 모친과 함께 차 안에서 번개탄을 피워놓고 죽으려 시도하다 지나가던 행인에 의해 구조된 사건이었다. 당시 나는 겁이 없었던 것 같다.

단순한 사건도 아니고 가족 간에 얽히고설킨 갈등 관계를 경험 없는 내가 마음대로 기관에 의뢰해선 안 되는 일이었다. 피해자인 모친의 수술비와 치료비에 대한 지원이 잘 이루어져 도움이 된 것은 좋았지만 모친과 자매간의 갈등은 너무 힘들었다. 사전 모임을 진행한 후 과연 내가 본 모임에서 갈등을 조정할 수 있을까 하는 생각이 들었다. 피해자인 모친을 누가 모실지부터 경제적인 부담은 어떻게 나눌 것인지 등등 단시간 대화로 풀 수 없는 내용이었다.

사전 모임 후 본 모임에 추가로 참여해야 하는 당사자가 더 있는지 반드시 확인해야 한다. 그렇지 않으면 반쪽짜리 모임이 되고 만다. 사전 모임 후에도 잘 이해가 되지 않는다면 다시 사전 모임을 진행해 갈등 내용을 명확하게 확인해야 한다.

사전 모임이 끝나고 결국 상호 의견이 달라 당사자 중 한 명이 본 모임에 불참하겠다고 통보했다. 하지만 재차 설득하여 본 모임 전날 참석 의사를 확인하고 본 모임을 진행하게 되었다.

본 모임은 13시에 시작하여 다음 날 오전 1시에 끝났다. 당사자인 자매들은 대화모임을 진행하다 갈등이 극에 달해 중간에 중단하고 잠시 휴식을 갖고 다시 진행하기도 했다. 그간 살아오면서 겪은 서로 간의 갈등을 어떻게 하루에 다 해결할 수 있을까. 내가 성급했다. 지금의 나라면 조금이라도 양 당사자 간 도움이 될 수 있도록 본 모임을 길게 가져갈 것이다. 물론 사후 모임도 반드시 진행할 것이다.

나중에 확인해보니 직접 피해자인 모친은 수술 후 수술비를 지원받았다. 자매간 갈등이 어느 정도 조정되어 다른 딸이 모친을 모시고 두 당사자는 경제적으로 모친을 지원하며 살아가고 있었다. 본 모임이 끝난 후 다음 날 자매들은 갈등을 조정해준 것에 대한 장문의 감사 인사를 문자 메시지로 전해왔다.

범죄 피해자 대부분은 피해자전담경찰관의 도움을 받으면 항상 "감사합니다"라고 한다. 최일선 현장에서 이 말을 자주 듣는다. 옛날 만화 주인공 뽀빠이는 시금치를 먹으면 없던 힘이 생겨 괴력을 발휘하는 슈퍼히어로가 된다.

"감사합니다"는 나에게 뽀빠이의 시금치와 같다. 피해자에게 이 말을 들으면 그간 업무 때문에 받았던 스트레스가 모두 사라지고 다른 피해자를 지원할 수 있는 힘이 생긴다. 뽀빠이처럼….

예전에는 사건을 처리한 뒤 감사 인사를 듣는 것이 너무 좋았다. 하지만 범죄피해자보호법 등을 보면 범죄 피해자는 국가가 당연히 보살펴야 하는 대상이다.

범죄 피해자는 그들의 당연한 권리인 피해자 보호·지원을 받으면서 공무원에게 감사하다고 말한다. 다시 그때로 돌아가면 피해자에게 이렇게 말하고 싶다. "고맙다고 말하지 않으셔도 됩니다. 국가로부터 받아야 하는 당신의 당연한 권리입니다."

그동안 범죄 피해자 보호와 지원 업무를 하며 경찰 단계에서 신속하게 범죄 피해자를 직접 지원할 수 있는 예산이 많아졌으면 좋겠다는 생각을 자주 했다. 그렇게 되면 경찰 단계에서 치료비, 이전비, 생계비, 학자금을 지급해 피해자가 자녀들과 생계를 유지하기 위해 전전긍긍하지 않아도 될 것이다. 앞으로 범죄 피해자는 자신의 권리를 당당하게 요구하고, 국가는 그 요구에 즉시 부응해 범죄 피해자가 신속하게 정상생활로 복귀할 수 있도록 피해자 중심으로 지원체계가 개선되기를 바란다.

경찰청 여성안전기획과 경위.
2017년도부터 경찰서 피해자전담경찰관, 2022년 서울청 피해자보호지원 담당, 현재에도 경찰청 범죄피해자보호계에서 범죄 피해자의 일상 회복을 돕고 있어 행복하게 일하고 있다.

미움 대신 분별을,
판단 대신 성찰을

서이석

'죄는 미워하되 사람은 미워하지 말라'는 말! 자주 들어온 익숙한 말이지만, 신상정보 등록업무를 하면서, 그 의미를 다시 한번 생각하게 되었다.

2024년 2월, 성범죄자 신상정보 등록대상자 관리업무를 처음 맡았을 때만 해도, 그저 단순한 점검과 규제 업무라고 여겼다. 그러나 그 제도 속에는 '성범죄자'라는 이름 아래 살아가는 사람들의 삶이 있었고, 그리고 그들을 바라보는 나 자신의 시선도 있었다. '죄는 미워하되 사람은 미워하지 말라'는 말은 감정으로 재단하지 말고, 이해로 바라보자는 말이지만 생각보다 훨씬 무겁고, 또 쉽지 않은 원칙이었다.

신상정보 등록대상자가 된다는 것은 단순한 행정 절차 이상의 의미가 있다. 법원의 판결에 따라 신상정보 등록이 진행되며, 그 흔적은 평생 지워지지 않는 낙인처럼 작용한다.

처음 신상정보 등록대상자 대면 점검을 한 날, 한 청년이 조용히 말했다.

"나는 이미 정당한 벌을 받아서 끝났다고 생각했는데, 사회에서는 아직도 저에게 벌을 주고 있는 것 같아요. 그 낙인이 끝난 게 아닌 거죠."

그 말을 들었을 때, 내가 하는 업무가 한 사람의 삶에 얼마나 무겁게 작용할 수 있는지 처음으로 깨달았다.

신상정보 등록대상자 관리업무는 엄격함을 요구한다. 지정된 기간 안에 대상자에 대한 대면 점검을 실시해야 하며, 대상자가 성명, 주민번호, 신체 정보, 주소·실거주지, 직업·직장 소재지, 연락처, 차량 등 세부 정보를 신고할 수 있도록 하고, 변경 사유가 발생하면 경찰서를 방문해 변경 신고할 수 있도록 안내하는 등 업무가 단순하지 않다.

어느 날, 주소지 변경 신고를 하지 않은 위반자를 대면 점검하는 과정에서 대상자는 울먹이며 말했다.

"형사님! 일부러 신고 안 한 게 아닙니다. 살아보겠다고 여기저기 일자리를 구하러 다니느라 정신이 없었습니다. 이제야 아르바이트 자리 하나 구해 열심히 살아보겠다고 하는데 너무 하신 것 아닙니까?"

작고 왜소한 중년 남자의 어깨는 힘이 빠져 축 처져 있었고, 서 있을 힘조차 없는지 놀이터 벤치에 앉아 땅만 바라보았다. 그 순간, 내가 서 있는 자리의 무게가 유난히 무겁게 느껴졌다.

며칠 차이긴 했지만, 규정 위반은 사실이다. 위반 사실을 설명하면서, 나는 '관리자인가, 감시자인가'라는 생각이 마음 한쪽에 자리 잡고 있었다. 하지만 나는 법을 집행하는 경찰관으로서 규정을 어긴 이상 당사자가 조사에 임할 수 있도록 안내 조치를 설명해야 했다. 냉정함과 온정의 경계는 아슬아슬하다.

업무 초기에는 내 업무를 단순히 '확인 절차'로만 생각했다. 매달 정해진 대상자의 주소지를 검색하여 확인한 뒤, 대상자가 실제로 거주하고 있는지, 변경 사항이 있는지 재확인하는 일. 하지만, 어느 날 한 사건을 통해 나는 큰 반성을 하게 되었다.

그날은 유난히 비가 많이 오는 날이었다. 오전에 대상자 두 명을 점검하는 길에 폭우처럼 쏟아지는 비를 맞아 이미 신발과 옷은 젖어 있었고 배에서는 꼬르륵 소리가 계속 나고 있었다. 솔직히 짜증이 많이 나 있는 상태였다.

'빨리 끝내고 밥 먹으로 가야지. 비까지 오니 배가 더 고프네. 근데 대상자는 왜 이렇게 안 오는 거야?'

약속된 시간보다 20분이 늦어지자 결국 나는 휴대폰을 꺼내 전화를 걸었다.

"아, 네 ○○○씨죠? 언제쯤 도착하실까요? 지금 약속한 시간보다 20분이나 늦으셨는데요?"

그 통화에서 알아차렸어야 했다. 대상자는 이미 불안하고 초조한 상태였으며, 심리적으로 매우 불안정한 상태였다는 것을. 나는 그저 내 입장만 생각하고 있었다.

멀리서 대상자가 아파트 1층 주차장에 차를 세우고 내리는 모습이 보였다.

"형사님…"

그는 차에서 내리자마자 인상을 찌푸리며 한마디를 했다.

"이렇게 집까지 찾아와도 되는 겁니까?"

뭐지? 미리 연락도 드렸고 대상자가 만날 수 있다는 시간에 약속을 잡고 왔는데? 처음 점검 받는 대상자라면 이해하겠는데 … 왜 찾아왔냐고?

"네, 이번 달 점검 대상자로 「성폭력범죄의 처벌 등에 관한 특례법」 제3장 제45조 등록정보의 관리에 근거해서 신고된 대상자 실거주 여부를 파악하기 위해 방문 전 미리 전화로 양해 말씀을 드리고 약속을 잡았고, 실제 호실까지 찾아간 것도 아니고 이렇게 아파트 1층에서 뵙자고 한 겁니다."

그때 이런 식으로 내가 관련 근거를 충분히 설명하고, 왜 점검이 필요한지 상세하게 안내했었다면 그런 오해나 불편함은 없었을 것이다. 그런데 이미 내 몸과 마음이 너무 지쳐 있었다. 말이 곱게 나올 리가 없었다.

"○○○씨, 이번이 첫 대면 점검은 아니신 것 같은데… 주소지를 신고해놓고 다른 곳에 살고 계신 대상자가 많아서 이렇게 실거주 여부 확인을 위해 온 겁니다."

대상자는 말도 안 되는 소리를 한다는 표정으로 나를 쳐다보았다.

"전에 담당자는 전화로만 확인하고 끝냈는데, 당신은 왜 주소지까지 찾아와서 또 내 성질을 건드리는 거야? 안 그래도 이것 때문에 대법원까지 갔는데도 불구하고 성범죄자로 낙인이 찍혀 내가 밤마다 잠이 안 와서 수면제 약을 먹고 있다고!!"

이미 대상자와 나는 감정싸움이라는 영역으로 들어온 상태였다.

지금 생각해보면 충분히 이해가 간다. 신상정보 등록대상자 관리가 이전에는 전국 각 경찰서 여성청소년수사과에서 수사업무와 병행해 진행되어 왔고, 이로 인해 전화로 점검을 한 경우가 상당히 있었을 것이다.

2024년 2월이 되어서야 경찰관 인원을 보강하여 전국 각 경찰서 여성청소년과에 신상정보 관리 담당자가 별도로 배치되었다. 그제야 체계적이고 정확한 점검과 관리가 시작된 것이다.

그러니 기존 신상정보 등록대상자 입장에서는 얼마나 황당하고 뜬금없겠는가. 갑자기 경찰관이 전화해서 주소지 집 근처까지 찾아와 실거주 여부를 확인한다고 대면 점검을 요구하고 있으니!

"당신 말이야, 전 담당자는 그냥 전화로 확인하고 끊던데… 지금부터 당신 점검 행위에 대해서 낱낱이 확인할 거야! 당신이 잘못된 점검이거나 아니면 전 담당자가 직무유기를 했거나 내가 끝까지 밝힐 거니깐 각오하고 있어!"

"하… 네 확인하세요…." (평소 같았으면 정확하게 답변했을 텐데…)

2024년 2월 이후, 전국 각 경찰서 신상정보 담당 경찰관은 「성폭력범죄의 처벌 등에 관한 특례법」 제3장 제45조 등록정보의 관리 법령과 경찰청 매뉴얼 하나만 가지고 각기 다른 성향의 신상등록 대상자들을 매일 마주해야 했다. 2024년 1년 동안은 매일 이러한 민원이 있었다.

지금은 2025년 10월이다. 대면 점검에 있어서 1년 8개월간의 경험치가 쌓였다.

"○○○님, 제가 아무 근거 없이 찾아온 게 아닙니다. 「성폭력범죄의 처벌에 관한 특례법」 제3장 제45조 등록정보의 관리에 따라 적법하게 점검하고 있으며, 불시에 찾아온 것도 아니고 신상 담당 매뉴얼에 따라 사전에 미리 연락을 드렸고, 이렇게 약속을 잡아 1층에서 뵙질 않습니까?"

그러고는 업무 휴대폰에 저장된 관련 법령 근거와 매뉴얼을 보여주었다. 대상자는 한동안 말이 없었다. 짧은 침묵 속에서 우리는 서로의 감정을 정리하고 있었다.

"오늘 비도 많이 오고 직장에서 오시는 길이 쉽지 않으셨을 겁니다. 그런데 ○○○님이 회사에서 하시는 업무처럼, 점검하는 업무가 제 업무입니다. 비도 오고 서로 마음이 상한 상태에서 감정적으로 말씀드린 부분이 있다면 제가 먼저 사과드리겠습니다."

"형사님, 제가 신상 점검에 트라우마가 있습니다. 누가 찾아올 때마다 심장이 두근거립니다. 그런데 경찰이 집까지 찾아온다고 하니 심리적으로 너무 힘듭니다. 혹시 제 사건을 아실지 모르겠지만, 너무 억울해서 대법원까지 갔고, 결국은 집행유예가 나왔습니다. 그 일로 매일 밤마다 잠을 못 자고 수면제를 먹고 있습니다. 제 심정을 아시겠습니까? 회사 대표로서, 한 집안의 아버지로서, 앞으로 15년 동안 이런 수치심을 안고 정기적으로 점검을 받으며 살아야 한다는 게 얼마나 심리적으로 고통스러운지 아십니까? 제 심정을 아시겠냐고요!"

"아…."

정말 찰나의 순간이었지만, 그 말을 듣는 순간 무언가 내 머릿속을 때렸다. 이들은 법적으로 죗값을 치렀지만, '신상정보등록'이라는 제도 안에서 사후 관리를 받고 있는 사람들이다.

생각해보면 대면 점검 전, 나는 대상자에 대한 범죄 사실 내용과 그 전의 점검 내용을 미리 숙지하고 현장에 나가는 터라, 이미 대상자에 대한 선입견을 가지고 대면 점검을 해온 것이다. 그때 진심으로 '내가 하는 업무가 무엇인가?' 스스로에게 질문해보았다.

대상자를 관리하는 '직무 수행자'로서가 아니라, 마치 또 다른 심판자로서 그들을 죄인처럼 대하고, 심리적으로 끌어내리고, 사회에서 더욱 고립시키는 것이 과연 내 업무인가? 아니면 대상자와 공감하며 라포를 형성하고, 세밀한 점검을 통해 더 이상의 재범이 없도록 하여 그들이 반성하고 사회로 빠르게 복귀할 수 있도록 돕는 것이 내 업무인가?

그날 이후, 나는 다시 이 말을 떠올렸다. '죄는 미워하되, 사람은 미워하지 말라.' 미움 대신 분별을, 판단 대신 성찰을 하자는 스스로의 다짐이었다. 이 문장은 다시 한번 내 마음을 울렸고, 내 일에서 진정한 '공감'이 무엇인지 생각하게 했다.

법원 판결에 따라 신상정보 등록대상자의 등록 기간이 정해진다. 등록 기간이 경과하면 법무부에서는 관리카드를 삭제한다. 즉, '신상정보 등록제도'에서 자유로워진다. 또한, 최소 등록 기간이 경과하면 '면제신청제도(클린 레코드)'를 통해서도 이 제도에서 벗어날 수 있다. 이와 관련해 많은 사례가 있었지만, 그중 유난히 기억에 남는 일이 있다.

매일 신장 투석을 받으며 힘겹게 살아가는 신상정보 등록대상자 형과, 그런 형을 돌보며 자동차 외관 영업일을 하는 동생이 있었다. 대상자 점검 시에도 동생은 늘 형을 세심하게 챙기며, 옆에서 신상 점검 사항에 대해 도와주었다.

어느 날, 대상자 점검일이 다가와 신상정보 등록대상자의 시스템을 확인하던 중, 면제신청 할 수 있는 최소 등록 기간이 경과한 것을 확인하게 됐다. 좋은 기억으로 남아 있던 형제이기에 시스템 내용을 확인하자마자 동생에게 연락을 했다.

"○○○씨 동생분 되시죠? 노원경찰서 신상 담당자 경위 서이석입니다. 잘 지내시죠?"

"네 형사님, 잘 지내시죠? 또 점검일이 다가왔나요? 형이 지금 병원에서 투석 중이라서요. 뭐 여쭤보고 싶으신 게 있으시면 말씀해주세요!"

역시 의좋은 형제들이다. 그냥 그분들을 보면 기분이 좋아진다.

"네, 신상정보 등록제도에서 최소 등록 기간이 경과해 면제신청 조건에 위반사항이 없으시면 법무부에 면제신청 하실 수 있어요. 만약 승인이 되면 이젠 점검 안 받으셔도 됩니다."

"네? 아이고 형사님! 정말 감사합니다. 그런데 어떻게 해야 하나요?"

"시간 되실 때 형님과 함께 경찰서 방문해주시면 제가 안내해드릴게요. 서류도 경찰서에 다 있으니 약속 잡아서 방문하시는 건 어떠신지요?"

그날 형제에게 이보다 더 반가운 소식은 없었을 것이다.

"네, 형사님. 내일 형하고 당장 가겠습니다."

시스템 기록을 확인해보니 위반 사항은 없었다. 특별한 문제가 없는 한 법무부에서 승인이 떨어질 확률이 높았다.

동생은 형이 범죄도 저질렀고, 건강도 좋지 않아 미울 수도 있고, 또한 부양해야 할 가족들도 있었지만, 그 힘든 환경을 견뎌내며 누구보다 형을 사랑하는 사람이었다.

약속 당일 경찰서에서 만난 형제는 연신 감사 인사를 했다.

"감사합니다. 형사님 정말 감사합니다."

"아닙니다. 제가 승인하는 게 아니라, 법무부에 서류를 보내봐야 아는 것이니 감사 인사는 나중에 하시고 우선 서류부터 작성하시죠."

형은 떨리는 손으로 동생이 옆에서 불러주는 대로 한 글자 한 글자 면제신청서 서류를 작성했다.

"작성하신 서류 등기는 오늘 제가 다른 신상 대상자 변경 신고서를 법무부에 보낼 일이 있어서 행정 서비스 차원에서 같이 보내드릴게요(웃음)."

"형사님 정말 감사합니다. 감사합니다."

"아닙니다. 동생분 덕분에 오히려 제가 업무하는 데 많은 도움을 받았습니다. 아직 승인 전이지만 동생분께 진심으로 감사하다는 말씀드립니다."

그 순간, 늘 시끄럽던 경찰서 복도에 잠시 정적이 흘렀다. 동생을 바라보는 나의 눈과, 동생이 나를 바라보는 눈, 말은 하지 않았지만 우리는 서로의 마음을 알고 있었다. 감사의 마음은 분명히 전해졌다. 동생의 눈물샘은 젖어 있었다.

이런…

19년 경찰 생활을 해놓고 또 감정에 이렇게…

그래, 의좋은 형제 때문이니 오늘은 예외로 하자.

"동생분, 형을 위해 정말 고생 많으셨습니다."

아직도 선명히 기억이 난다. 걷기도 힘들어 보이는 형이 동생 손을 꼭 잡고 경찰서 정문을 나서던 뒷모습을.

사람은 언제든 변할 수 있다. 처음 대상자를 만났을 때, 그는 말 그대로 블랙리스트였다. 비협조적이었고, 대화도 제대로 이뤄지지 않았다. 그러나 옆에 있던 동생이 그렇게 하는 게 아니라고, 협조해야 한다고, 저분은 우리를 도와주시는 분이라고 말해주었다. 동생의 도움 덕분에 조금씩 조금씩 그 대상자는 변화해 왔던 것이다.

20일 뒤, 여느 때처럼 정신없이 오전 업무를 하던 중, 요란하게 업무 휴대폰이 울려댔다.
"네, 노원경찰서 신상 담당자 서이석입니다."
"……"
"여보세요? 여보세요? 말씀하세요. 여보세요?"
"형사님, 저 ○○○ 동생입니다. 법무부에서 면제 승인이 났습니다."
역시! 승인이 됐다. 나는 하던 업무를 멈추고 동생과 이야기를 나눴다.
"정말 다행입니다. 진심으로 축하드려요. 그동안 너무 고생 많으셨어요."
"다 형사님 덕분입니다. 너무너무 감사드립니다. 이 감사함을 어떻게 보상해야 할지……."
동생은 울먹이고 있었다.
"저한테 보상하시면 제가 곤란해집니다. 일 그만둬야 한다고요(웃음)! 정말 축하드리고 다시는 경찰서에 오지 마세요."
빨리 전화를 끊어야 했다. 나도 눈시울이 조금씩 붉어지고 있었다.
"형사님, 꼭 한번 다시 찾아가겠습니다. 진짜!"

"정말 오지 마시라니깐…."
 몇 주 뒤, 경찰서에서 동생을 만났다. 반가운 재회였다. 커피 한잔을 함께하며 이야기를 나누었다.

 2024년 2월부터 다양한 성향의 신상정보 등록대상자들을 만나고, 그들의 이야기를 듣고 마음을 이해하게 되면서 나 자신도 조금씩 변하고 있음을 느낀다. 법을 집행하는 경찰관으로서 법의 원칙을 지키는 것은 당연하지만, 이제는 사람을 먼저 보려 한다. 업무적으로만 접근하는 것이 아니라, 진심으로 대하고자 한다.
 '미움 대신 분별을, 판단 대신 성찰을!'
 감정을 조절하고 윤리적으로 성찰하며 공정한 공권력을 행사하겠다는 의미다. 이러한 마음가짐이 앞으로 남은 경찰 생활에서 나를 중심에 세워주는 나침반이 될 것이라 믿는다.

 이제 나는 경찰 생활 20년 차를 바라보고 있는 경찰관이다. 내 말 한마디, 눈빛 하나가 한 사람의 인생을 완전히 뒤바꿀 수 있다는 것을 이제 조금 알 것 같다.
 '너와 내가 함께 변화될 수 있는 그날까지.'
 오늘도, 나는 신상정보 등록대상자 한 사람 한 사람을 진심으로 대하려고 노력해본다. 이 진심은 분명히 전달된다는 것을 알고 있기에.
 우리는 누군가에게 간절한 '마지막 기회'가 될 수 있다는 것을 한

순간도 잊지 않으려고 한다.

서울노원경찰서 경위.
여성청소년과에서 신상정보 담당 업무를 맡고 있는 19년 차 경찰관이다. 범죄예방대응과, 정보과, 수사과를 거쳐 현재 여성청소년과에 근무 중이며, 2024년 2월 독립 업무로 신설된 '신상정보 등록대상자 관리전담제도' 시행에 참여해 제도의 기반을 다졌다.
사회의 균형과 사람의 존엄을 지키는 일을 평생 소명으로 삼고, 따뜻한 시선과 공감의 마음으로 시민에게 신뢰받는 치안을 만들어 가고자 한다.

여기, 우리가 있습니다
여성폭력 아동학대와 싸우는 경찰들의 전방위 분투기

초판 1쇄 발행 2025년 12월 16일

지은이 조병기, 김한솔, 이옥정, 박민정, 김기현, 이지현, 김태희,
박해연, 정명기, 강남희, 배유빈, 성주영, 나기윤, 양창모,
박은섭, 윤수린, 유재원, 구홍모, 이소연, 박송희, 이종석,
황세연, 여개명, 박재영, 정대일, 한윤섭, 서이석
펴낸이 문채원
펴낸곳 사우

교정·교열 이은미
북디자인 이순민

전화 02-2642-6420
팩스 0504-156-6085
출판등록 2014-000017호
이메일 sawoopub@gmail.com

ISBN 979-11-94126-12-6 (03300)

• 가격은 뒤표지에 있습니다.
• 잘못된 책은 바꾸어 드립니다.
• 이 책은 저작권법의 보호를 받는 저작물이므로 무단전재와 복제를 금합니다.